Kauderwelsch
Band 150

EG

Sydney: Fähre Darling Harbour – Balmain

Impressum

Elfi H. M. Gilissen
Englisch für Australien – Wort für Wort
erschienen im
REISE KNOW-HOW Verlag Peter Rump GmbH
Osnabrücker Str. 79, D-33649 Bielefeld
info@reise-know-how.de

Layout Elfi H. M. Gilissen
Layout-Konzept Günter Pawlak, FaktorZwo! Bielefeld
Umschlag Peter Rump (Titelfoto: Andrew Tokmakoff)
Kartographie Iain Macneish
Fotos Elfi H. M. Gilissen (EG), Andrew Tokmakoff (AT)
Druck & Bindung Werbedruck GmbH Horst Schreckhase, Spangenberg

ISBN: 978-3-8317-6500-3
Printed in Germany

Die Internetseiten mit Aussprachebeispielen und der Zugriff auf diese über QR-Codes sind eine freiwillige, kostenlose Zusatzleistung des Verlages. Der Verlag behält sich vor, die Bereitstellung des Angebotes und die Möglichkeit der Nutzung zeitlich und inhaltlich zu beschränken. Der Verlag übernimmt keine Garantie für das Funktionieren der Seiten und keine Haftung für Schäden, die aus dem Gebrauch der Seiten resultieren. Es besteht ferner kein Anspruch auf eine unbefristete Bereitstellung der Seiten.

Der Verlag möchte die **Reihe Kauderwelsch** weiter ausbauen und **sucht Autoren!** Mehr Informationen finden Sie unter ***www.reise-know-how.de/verlag/mitarbeit***

Kauderwelsch

Elfi H. M. Gilissen

Englisch für Australien

Wort für Wort

Das Kauderwelsch-Prinzip

Kauderwelsch heißt:

- Schnell mit dem **Sprechen** beginnen, auch wenn nicht immer alles korrekt ist.
- Von der **Grammatik** wird nur das Wichtigste in einfachen Worten erklärt.
- Alle Beispielsätze werden doppelt ins Deutsche übertragen: erst **Wort-für-Wort,** dann in normales Deutsch. Die Wort-für-Wort-Übersetzung hilft, die neue Sprache schneller zu durchschauen, außerdem lassen sich dadurch leichter einzelne Wörter im fremdsprachigen Satz austauschen.
- Es geht um die **Alltagssprache,** also das, was man tatsächlich auf der Straße hört.
- Die **Autoren** sind entweder Reisende, die die Sprache im Land selbst gelernt haben oder Muttersprachler.

Kauderwelsch-Sprachführer sind keine Lehrbücher, aber viel mehr als traditionelle Reisesprachführer. Wer ein wenig Zeit investiert, einige Vokabeln lernt und die Sprache im Land anwendet, wird **Türen öffnen,** ein Lächeln ins Gesicht zaubern und reichere Erfahrungen machen.

Talk to each other!

Kauderwelsch zum Anhören

Einzelne Sätze und Ausdrücke aus diesem Buch können Sie sich **kostenlos anhören.** Diese **Aussprachebeispiele** erreichen Sie über die im Buch abgedruckten QR-Codes oder diese Adresse: **www.reise-know-how.de/kauderwelsch/150**

Die Aussprachebeispiele im Buch sind Auszüge aus dem umfassenden Tonmaterial, das unter dem Titel **„Kauderwelsch Aussprachetrainer Englisch für Australien"** separat erhältlich ist – als Download über Onlinehörbuchshops (ISBN 978-3-95852-029-5) oder als CD im Buchhandel (ISBN 978-3-8317-6176-0). Beide Versionen erhalten Sie auch über unsere Internetseite:

- **www.reise-know-how.de**

Alle Sätze, die Sie auf dem Aussprachetrainer hören können, sind in diesem Buch mit einem 👂 gekennzeichnet.

Inhalt

Grammatik

Konversation

Anhang

EG

Flug über die endlose Weite des Purnululu-Nationalparks in Western Australia

Vorwort

Wer schon einmal einem waschechten Australier über den Weg gelaufen ist, weiß dass es leicht zu Verständigungsschwierigkeiten kommen kann, wenn der Australier ganz selbstverständlich ocker terms oke tööms, *(rein australische Begriffe)* in den Mund nimmt, die auch die Amerikaner und Briten nicht kennen, geschweige denn wir, deren Muttersprache nicht Englisch ist. Das Dialektgemisch der ersten südenglischen Siedler und der Londoner convicts konviktß *(Strafgefangenen)* hat dem Englisch Australiens eine ganz andere Grundfarbe verliehen. Hinzu kamen später die Einflüsse der Italiener, Griechen und Asiaten, und entstanden ist das, was man in der australischen Küche Fusion nennt. Britische Worte werden einfach anders gebraucht, sie werden abgekürzt, oder ganz einfach neues Vokabular hinzuerfunden.

Landschaft, Flora, Fauna und der kulturelle Mix erfordern eine andere Sprache. Es geht um andere Themen als im kalten Großbritannien: Farmen, die größer sind als manches deutsche Bundesland, (sub)tropischer Regenwald, der wohnbar geschlagen werden musste, kilometerlange Sandstrände am angenehm temperierten blauen Ozean mit besten Bedingungen zum Surfen. Das Great Barrier Reef lädt zum Tauchen am größten Korallenriff der Welt ein. Abenteurer suchten ihr Glück beim Goldschürfen, in den Silberminen oder bei der Opalsuche. Zuckerrohrplantagen so weit das Auge reicht, und Tier- und Pflanzenarten, die sonst nirgends auf der Welt heimisch sind. Hier ist auch die Heimat der Aboriginals mit ihrer Schöpfergeschichte der Traumzeit.

In down under dä'un ande *(Australien)* spricht man immer in der Umgangssprache, aber auch in der Schriftsprache findet diese Anwendung. Eine E-Mail eines australischen Freundes sah folgendermaßen aus (auch so geschrieben): Good on ya Elfi, she's a little beauty ... a real bonza site for us Aussie fella's ... Anyway, Mates, I'm doin' some hard yakka, I'm as busy as a one legged bloke in an arse kicking contest, so I've gotta bugger off ... No worries. seeyewselater Davo ... Irgendwas verstanden? Na, dann wird es Zeit, dass Sie nach Australien kommen!

A special thanks to all the lovely people who helped to fill this book with genuine Australiana: Andrew, Vic, Colleen, Karen, Dave, Anne, Lisa-Marie, Vanessa, Scott, Raf, Mark, Kirsty, Adsee, Karen, Erina, Nathalie, Shiellsy, and all those Aussies I met during my travels.

EG

Hahndorf, Ort bei Adelaide

Hinweise zur Benutzung

Der Kauderwelsch-Sprechführer besteht aus drei Teilen: aus Grammatik, Konversationsteil und zwei Wörterlisten (Deutsch - Australisches Englisch und Australisches Englisch - Deutsch).

Der Grammatikteil fasst sich kurz, bringt Ihnen aber alle wichtigen Strukturen eines australisch-englischen Satzes nahe. Jeder Satz ist Wort-für-Wort übersetzt und mit einer einfach zu lesenden Lautschrift versehen. Die Wort-für-Wort-Übersetzungen begleiten Sie durch das Buch und helfen Ihnen, die Satzstruktur leichter zu durchschauen und selbst andere Wörter aus den Themenfeldern im Konversationsteil einzusetzen.

I'd like fish / chicken and chips, thanks.
ojd lojk fisch / tschiken en tschipß thängkß
ich'würde mögen Fisch / Huhn und Pommes danke
Ich hätte gern Fisch / Hähnchen und Pommes.

Wörter, die im australischen Satz mit einem Apostroph verbunden sind, sind auch in der Wort-für-Wort-Übersetzung apostrophiert. Zwischen zwei Wörtern, die man austauschen kann, steht ein Schrägstrich /.

Im Konversationsteil finden Sie alle wichtigen Sätze aus der Alltagssprache der Australier, geordnet nach Alltagssituationen, die für Reisende von Bedeutung sind, sowie interessante

Hintergrundinformationen über die australische Kultur.

Die Lautschrift zeigt Ihnen, wie man das australische Englisch ungefähr richtig ausspricht. Daher gibt es für jedes Wort und jeden Satz zusätzlich eine Lautschrift.

Die Umschlagklappe hilft, die wichtigsten Sätze und Formulierungen stets parat zu haben, die man mit den Vokabeln aus den einzelnen Kapiteln kombinieren kann. Hier finden sich außerdem schnell die wichtigsten Floskeln und Redewendungen, Angaben zur Aussprache und eine kleine Liste der wichtigsten Fragewörter, Bindewörter und anderer ausschmückender Wörter. Zur Orientierung finden Sie auch eine Karte von Australien in der hinteren Umschlagklappe. Wer direkt nach seiner Ankunft noch Verständigungsprobleme hat, kann sich erst mal mit „Nichts verstanden? – Weiterlernen!“ über Wasser halten.

Seitenzahlen

Um Ihnen den Umgang mit den Zahlen zu erleichtern, wird auf jeder Seite die Seitenzahl auch in australischem Englisch angegeben!

Australier und ihre Sprache

Wer sind die Australier? Mindestens 85 % der Bewohner Australiens sind „britischer" Herkunft. Der Rest sind vorwiegend andere Europäer, z. B. niederländische und deutsche Protestanten auf der Suche nach mehr religiöser Freiheit, Frieden oder einfach mehr Lebensraum. Dann Glücksucher u.a. aus Serbien, Kroatien und Japan, die während des Goldrausches nach Australien kamen. Zu Beginn des 20. Jhs waren es Russen und Chinesen auf der Flucht vor der Revolution, später Arbeitskräfte aus Italien und Griechenland, und noch später Boat People aus Vietnam. Die neueren Wirtschaftskrisen in Asien haben den Bevölkerungsanteil der Asiaten in Australien in den letzten Jahren auf 8 % ansteigen lassen. Die Aboriginals bilden mit ungefähr 228.000 eine Minderheit auf dem Kontinent und leben vor allem im Norden und im Zentrum.

Alles begann als die Spanier den Kontinent im Jahre 1606 entdeckten und die Niederländer als Erste einen Fuß auf den Kontinent bei Cape York setzten. Sie beschimpften das Land als das unwirtlichste, das sie je gesehen hatten, und seine Bewohner – die Aboriginals – als die wildesten aller Geschöpfe. Im Jahre 1642 entdeckte der Niederländer Abel Tasman das erste Stückchen brauchbares Land auf dieser Seite der Erdkugel: Van Diemen's Land. Doch erst

Van Diemen's Land *ist der alte Name für* Tasmania *(Tasmanien).*

als der Brite Captain James Cook im Jahre 1770 die fruchtbare grüne Ostküste Australiens entdeckte, entfachte die Idee der Besiedlung. 18 Jahre später entsandte man die ersten elf Schiffe mit Gefangenen und Siedlern aus England nach Australien, um Port Jackson zu gründen.

Port Jackson *ist der alte Name von* Sydney.

Heute hat Australien ca. 18 Mio Einwohner, von denen die meisten in den Küstengebieten bzw. den Großstädten leben. Aber wer waren nun die Briten, die hierherkamen und den Grundstein für die australische Variante des Englischen legten? Die Londoner Gefängnisse waren voll, also entsandte man die Gefangenen in die Verbannung nach Australien. Sie stammten meist aus den unteren Schichten Londons, wo man Cockney sprach. Hinzu kamen die englischen, schottischen, kornischen, walisischen und irischen Siedler – einfache Familien, die ihr Glück in der Ferne versuchen wollten. Die neuen Bewohner fanden ein Land vor, das so unentdeckt war, dass Sie keine Zeit hatten, beim Roden und der Feldarbeit auf Queen's English zu bestehen. Ihre Kinder entwickelten außerdem eine eigene Sprache zur besseren Verständigung untereinander, und so war eine Generation später schon ein charakteristisches Englisch entstanden mit ur-australischen umgangssprachlichen Wendungen und einer deutlich andersartigen Aussprache. Es entstanden typische Unterschiede im Wortgebrauch im Vergleich zu Amerikanern und Briten.

American	British	Aussie	
apartment	flat	unit	*Wohnung*
gear shift	gear lever	gear stick	*Schaltknüppel*
shorts	shorts	bathers	*Badehose*

Manche englischen Worte bekamen in Australien einfach eine andere Bedeutung:

Wort	British	Aussie
wattle	Flechtwerk	Akazie
station	Militärposten	Schaffarm
swag	gestohlene Güter	Feldschlafsack

Die weißen Australier hielten die Aboriginals für ungeheuer primitiv und mieden den Kontakt mit ihnen. Daher wurden lediglich für Landschaftsmerkmale, Flora und Fauna Worte aus Aboriginal-Sprachen übernommen:

barramundi	Süßwasserfischart im Norden
dilly(bag)	kleine Tasche / Kulturbeutel
billabong	Wasserloch
jarrah	große Eukalyptusart in WA
marron	Süßwasserkrebs in WA

Die folgenden haben sogar ihren Weg in das „Welt-Englisch“ gefunden:

kangaroo	Känguru *(ein Beuteltier)*
wombat	Wombat *(ein Beuteltier)*
boomerang	Bumerang *(eine Wurfwaffe)*
dingo	Dingo *(Wildhund)*
wallaby	Wallaby *(kleinere Känguruarten)*

Australier und ihre Sprache

Australische Schauspieler und Sänger artikulieren häufig mit amerikanischem Akzent, weil sie dann die Chance haben in Amerika groß herauszukommen. Ein Markt von 20 Mio Australiern ist eben nicht groß genug.

Wie überall auf der Welt hatte die Kultur der Amerikaner nach dem 2. Weltkrieg auch auf den australischen Sprachgebrauch einen spürbaren Einfluss: „Ein Auto mieten" heißt eigentlich to hire a car, aber weil fast alle Autovermietungen in Australien amerikanische Firmen sind, hat sich auch to rent a car eingebürgert. Das Wort für Gepäck ist luggage, wenn man aber vom Gepäckband am Flughafen spricht, ist es der baggage claim wie im Amerikanischen.

In der Rechtschreibung wird im Australischen meist die Schreibweise -ise (wie in authorise, idolise, organise, recognise) bevorzugt; dies ist allerdings eher britisch. Andererseits wird manchmal die Rechtschreibung mit -or (the Australian Labor Party) statt -our bevorzugt, und das wiederum ist amerikanisch. Im Regelfall ist die australische Schreibweise aber wie die britische. Und oft koexistieren in Australien einfach beide Varianten.

	American	British	Aussie
Lieblings-	**favorite**	**favourite**	*beides*
Programm	**program**	**programme**	*beides*
Scheck	**check**	**cheque**	*beides*
lizensiert	**licensed**	**licenced**	**licensed**
Enzyklopädie	**encyclopedia**	**encyclopaedia**	*beides*

Neuere amerikanische Einflüsse aus der Welt der Unterhaltung oder Technik kennen wir ja auch im Deutschen: entertainment, e-mail, computer.

Aussprache & Betonung

In puncto Aussprache ist die Grundfarbe des Australischen prinzipiell eher Britisch, aber je akzentuierter der Australier spricht, desto breiter wird das Englische: Broad Australian browd eßtrajljen *(breites Australisch).* Hier mausert sich ein äj zum aj, ein aj zum oj, ein e zum i. Überhaupt liegt der größte Unterschied im Klang der Selbstlaute, und dieser ist regional verschieden. In Adelaide und Melbourne spricht man z.B. eher General Australian. Aber in Sydney spricht man einen Hauch mehr Broad Australian, während es in Brisbane dann so richtig Broad wird.

Mitlaute (Konsonanten)

ß	stimmloses „s" wie „Gla**s**": fence fenß, salad ßäled
s	stimmhaftes „s" wie „**S**aft": size ßojs, bathers baj~~dh~~es, mozzies mosejs
sh	stimmhaftes „sch" wie „Gara**g**e": massage mäßaash, garage gäraash
sch	stimmloses „sch" wie „**Sch**uh" shark schaak, lunch lansch, ocean öüschn
tsch	behauchtes „t" vor sch wie „Ma**tsch**": sandwich ßänwitsch, focaccia fekatschje
dsh	unbehauchtes „d" vor sh wie „**Dsch**ungel": German dshöömen, jetty dshedej
j	„j" wie „**J**ahr": year ji'e, few fjüü, uni jüünej, fuel fjüül

Bei st, sp, sch *kein deutsches „scht, schp, sch", sondern* student ßtjüüdnt, sports ßpootß, school ßküül.

Die Endungen -tion, -sion, -chion *werden zu* -schn: nation najschn.

Vor u *ein* j *einschieben:* fuel fjüül.

w	mit gerundeten Lippen wie in „**W**ashington“: wallaby wolebej
r	am Satzanfang typisch englisches „r“,
('e)	am Silbenende als Selbstlaut: rain rajn, cars kaas, first föößt, year ji'e
~~th~~	stimmloser Lispellaut „tie-äjtsch“: thanks ~~th~~ängkß, theatre ~~th~~ejede
~~dh~~	stimmhaftes „tie-äjtsch“: this ~~dh~~iß
h	wird am Wortanfang oft verschluckt: have (h)äv, how (h)ä'u, house (h)ä'uß

Am Silbenende wird ein „r“ nie gesprochen, sondern der Selbstlaut in die Länge gezogen.

Bei Wörtern aus dem Französischen wird das „n“ nasal gesummt: croissant krwaßã.

Selbstlaute (Vokale)

aa	offenes, langes „a“ wie „V**a**ter“ father faa~~dh~~e, fast faaßt, bark baak
a	geschlossenes, kurzes „a“ wie „k**a**nn“: country kantrej, must maßt, above ebav
ä	zwischen „ä“ wie „M**ä**rchen“ und „a“, klingt oft gedehnt: man män
aj	im breiten Australisch liegt der erste Teil zwischen „a“ und „ä“ (entspricht brit. „äj“): say ßaj, mate majt, g'day gdaj
ä'u	ähnlich wie in „M**au**s“, aber erster Teil klingt heller als „a“ (entspricht brit. „au“): without wi~~dh~~ä'ut, now nä'u
e	betont eher offen wie in „K**e**ller“, unbetont kurz und dumpf wie in „Lipp**e**“: reckon reken, mother ma~~dh~~e, about ebä'ut
i	kurz wie in „b**i**tte“: busy bisej, mist mißt, ticket tiket
ej	im breiten Australisch ein Zwielaut, erster Teil zwischen dumpfem „e“ und „i“: people pejpel, team tejm, be bej, been bejn

Ein „t“ wird im Normalfall behaucht gesprochen: mate majt, *manchmal allerdings auch als unbehaucht-stimmhaftes „d“, z. B. bei einem Doppel-t im Wortinneren:* jetty dshedej, *oder in der Endung auf „-tre“ und „-ter“:* theatre ~~th~~ejede.

Ein „e“ am Wortende wird fast nie gesprochen: date dajt.

oj	wenn brit. „oj“, dann wie in „Ah**oi**“, wenn brit. „aj“, dann erster Teil zwischen „o“ und dunklem „a“: boy boj; island ojlend
ou	offen wie in „m**o**rgen“, aber lang, dann ein gleitendes „u“: ball boul, broad broud
öö	offenes „ö“ wie „**ö**ffnen“, aber lang: first föößt, earn öön, burn böön, world wööld
öü	beide Teile *nicht* mit gerundeten Lippen bilden: over öüve, go göü, sew ßöü
ü	zwischen „u“ und „ü“, mit ungerundeten Lippen: foot füt, could küd
üü	zwischen langem „u“ und langem „ü“, mit ungerundeten Lippen: blue blüü, do düü

Der zweite Teil dieser Aussage bezieht sich speziell auf Broad Australian *und ist ganz typisch für den Klang dieser Sprachform. Im* General Australian *spricht man hier statt dessen ganz wie im Britischen „aj“:* I like it oj lojk id *bzw.* aj lajk id.

Es wurden nur die Laute extra aufgeführt, die etwas Erklärung bedürfen. Am wichtigsten ist das Langziehen der Selbstlaute. Wie man welchen Buchstaben spricht, dafür ließe sich im Englischen allgemein ein seitenweiser Katalog aufstellen, also am besten zuhören und nachplappern!

Übrigens wird auch im australischen Englisch alles klein geschrieben, mit Ausnahme von Satzanfang, Überschriften, Sprachen, Eigennamen, Ländern, Wochentagen, Feiertagen, Monaten sowie I *(ich)*, Aussie und Australian *(australisch)* – die werden groß geschrieben.

Das australische Alphabet ist wie das Britische: a aj, b bej, c ßej, d dej, e ej, f ef, g dshej, h ajtsch, i oj, j dshaj, k kaj, l el, m em, n en, o öü, p pej, q kjüü, r aa, s eß, t tej, u jüü, v vej, w dabeljüü, x ekß, y woj, z sed.

Wörter, die weiterhelfen

Hier die wichtigsten Sätze auf einen Blick, die Sie gleich bei Ankunft brauchen können:

G'day!	**How are you today, mate?**
gdaj	hauwaaje tedaj majt
guten'Tag	*wie bist du heute Kumpel*
Guten Tag!	Wie geht's?

Bye!	**See you later!**
boj	ßeje lajde
tschüss	*seh dich später*
Tschüss!	Auf Wiedersehen!

I'm looking for ...	**Excuse me, where's ... ?**
ojm lükin fo'e	ekßkjüüs mej we'es
ich'bin schauend für	*entschuldige mich wo'ist*
Ich suche ...	Wo ist ... , bitte?

die Toilette	**the toilet**	~~dh~~e tojlet
diese Adresse	**this address**	~~dh~~iß edreß
ein Hotel / eine Kneipe	**a hotel / pub**	e höütel / pab
eine Bank	**a bank**	e bängk
ein Krankenhaus	**a hospital**	e hoßpedl
die Polizeiwache	**the police station**	~~dh~~e pelejß ßtajschn
eine Tankstelle	**a servo / roadhouse**	e ßöövöü / röüdhä'uß
ein Taxi	**a taxi**	e täkßej
den Bahnhof	**the train station**	~~dh~~e trajn ßtajschn
den Busbahnhof	**the bus terminal**	~~dh~~e baß töömenl
den Transitbahnhof	**the transit centre**	~~dh~~e tränßit ßente
die Bushaltestelle	**the bus stop**	~~dh~~e baß ßtop

Thank you.
thängkjüü
dank dir
Danke.

Thanks, mate!
thängkß majt
danke Kumpel
Danke.

Ta!
taa
danke
Danke.

No worries!
nöü wörejs
keine Sorgen
Gern geschehen!

Beg your pardon?!
begje paaden
betteln dein Pardon
Wie bitte?

Do you have ... ?
djüü häv
tun du haben
Haben Sie ... ?

I'd like ...
ojd lojk
ich'würde mögen
Ich hätte gern ...

some water	etwas Wasser	ßam woude
a cup of coffee	eine Tasse Kaffee	e kapef kofej
a cuppa / some tea	eine Tasse / etwas Tee	e kapa / ßam tej
that soft drink	die Limonade da	dhäd ßoft dringk
sandwiches	belegte Brote	ßänwitsches
cigarettes	Zigaretten	ßigeretß
a lighter	ein Feuerzeug	e lojde
tissues	Taschentücher	tischüüs
toilet paper	Toilettenpapier	tojlet pajpe
help	Hilfe	help

Yes / yep.	jeß / jep	Ja.
Alright.	ourojt	Okay, in Ordnung.
Okay.	öükaj	Okay, in Ordnung.
No.	nöü	Nein.
I'm sorry.	ojm ßorej	Nein, leider nicht.
... please.	plejs	... , bitte.

Ein, das, jene

Hauptwörter (Substantive) haben im Australischen kein Geschlecht, und alle haben denselben bestimmten Artikel the ~~dh~~e und den unbestimmten Artikel a e (bzw. an en; das -n wird nur angehängt, wenn das folgende Hauptwort mit einem Selbstlaut beginnt).

Ebenso einfach sind die hinweisenden Fürwörter (Demonstrativpronomen). Will man deutlich machen, dass es sich um „dieses" oder „jenes" handelt, nimmt man this ~~dh~~iß bzw. that ~~dh~~äd, in der Mehrzahl (Plural) dementsprechend these ~~dh~~ejs und those ~~dh~~öüs.

this pub, that hotel, these blokes, those cars
~~dh~~iß pab, ~~dh~~äd höütel, ~~dh~~ejs blöükß, ~~dh~~öüs kaas
diese Kneipe, jenes Hotel, diese Jungs, jene Autos

Dann hat man auch noch die Möglichkeit every evrej *(jede)* oder any enej *(irgendein)* u. ä. zu verwenden:

I go surfing all the time.
oj göü ßööfin oul ~~dh~~e tojm
ich gehen surfend all die Zeit
Ich gehe immer surfen.

We can leave any time.
wej kän lejv enej tojm
wir können weggehen irgendein Zeit
Wir können jederzeit gehen.

Auch die Mehrzahlbildung ist kein Problem. Man hängt einfach ein -s an das Hauptwort, oder aber ein -es, wenn das Hauptwort auf -s, -ss, -sh, -ch, -x oder -z endet. Das Anhängen von -es gilt oft auch, wenn das Wort auf Mitlaut + -o endet. Auf -f oder -fe endende Wörter verändern sich oft zu -ves.

an / the area	äreje	**areas**	ärejes	*Gebiet*
a / the coach	köütsch	**coaches**	köütsches	*Reisebus*
a / the dish	disch	**dishes**	disches	*Speise*
a / the knife	nojf	**knives**	nojvs	*Messer*
a / the potato	petajdöü	**potatoes**	petajdöüs	*Kartoffel*

Bei einem Mitlaut + -y wird daraus -ies, aber nicht, wenn ein Selbstlaut davor steht, denn dann wird einfach nur -s angehängt.

a / the lady	lajdej	**ladies**	lajdejs	*Dame*
a / the key	kej	**keys**	kejs	*Schlüssel*

Es gibt nur wenige Ausnahmen, wie Hauptwörter, ...

... , die gar keine Mehrzahlform haben.

... , deren Mehr- und Einzahl identisch sind:

sheep schejp *(Schaf, Schafe)*

game gajm *(wildes Tier/wilde Tiere zum Jagen)*

... , die keine Einzahl-, sondern nur eine Mehrzahlform haben:

glasses glaaßes *(Brille)*, daks däkß *(Hose)*

... , und die, die einfach unregelmäßig sind:

Eine, das, jene

Frau	**a / the woman**	wümen	**women**	wimen
Fuß	**a / the foot**	füt	**feet**	fejt
Kind	**a / the child**	tschojd	**children**	tschildren
Person	**a / the person**	pöößen	**people**	pejpel

Eine Besonderheit des Australischen sind Wortverkürzungen. Versuchen Sie die Langversion eines Wortes an der richtigen Stelle abzuhacken und statt dessen die Endung -ie oder seltener -o anzuhängen:

Australian	**Aussie**	australisch
barbecue	**barbie**	Grillabend
motorbike rider	**bikie**	Motorradgangmitglied
breakfast	**brekkie**	Frühstück
chewing gum	**chewie**	Kaugummi
mosquito	**mozzie**	Mücke
nightgown	**nightie**	Nachthemd
sick day	**sickie**	Krankheitstag
vegetable	**vegie**	Gemüse
smoke break	**smoko**	Rauchpause
swimming costume	**cozzie**	Badehose

Für den besitzanzeigenden Artikel „der / des" hängt man im Australischen ein 's an den „Besitzer". Wenn der „Besitzer" auf -s, -z oder -ce endet jedoch nur ein Apostroph.

the park's entrance	~~dh~~e paaks entrenß
children's books	tschildrens bükß
Chris' house	krißes hä'uß

Ich, du & dein, mein

Fast alles so wie man es aus dem Schulenglischen kennt, mit zwei kleinen Ausnahmen.

Wer?	Wessen?	Wem/Wen?	Reflexiv
I	**my (mine)**	**me**	**myself**
oj	moj / mej (mojn)	mej	mojßelf / mejßelf
you	**your(s)**	**you**	**yourself**
jüü	je(s)	jüü	jeßelf
he	**his**	**him**	**himself**
hej	his	him	himßelf
she	**her(s)**	**her**	**herself**
schej	höö(s)	höö	höößelf
it	**its**	**it**	**itself**
id	itß	id	itßelf
we	**our(s)**	**us**	**ourselves**
wej	ä'ue(s)	aß	ä'ueßelvs
you(se)	**your(s)**	**you**	**yourselves**
jüü(s)	je(s)	jüü	jeßelvs
they	**their(-s)**	**them**	**themselves**
~~dh~~ej	~~dh~~e'e (~~dh~~eß)	~~dh~~em	~~dh~~emßelvs

Die Aussprache von my *ist häufig wie die von* me: mej. *Lassen Sie sich davon nicht verwirren!*

Die Mehrzahl von you *ist im Australischen auch schon mal* youse jüüs *– eine Form, die man sonst im Englischen nicht kennt.*

How are youse kids?
hä'u aa jüüs kids
wie sind ihre Kinder
Wie geht's Ihren Kindern?

Im Australischen siezt man nicht, dennoch entspricht you *auch dem deutschen „Sie"/„Ihr", aber außerdem auch dem unpersönlichen „man".*

I bought myself a jumper.
oj bout mojßelf e dshampe
ich kaufte mir-selbst ein Pullover
Ich habe mir einen Pullover gekauft.

This is mine.
~~dh~~ißis mojn
das ist meins
Das gehört mir.

The bag is empty.
~~dh~~e bäg is emtej
die Tasche ist leer
Die Tasche ist leer.

Gut, besser, am besten

Sie können Eigenschaftswörter steigern, indem Sie very verej *(sehr)*, so ßöü *(so (sehr))* oder too tüü *(zu (sehr))* davorsetzen:

This steak sandwich is so good.
~~dh~~iß ßtajk ßänwitsch is ßöü güd
dies Steak Sandwich ist so gut
Das ist so ein leckeres Steak-Sandwich.

klein	**small**	**smaller**	**smallest**
	ßmoul	ßmoule	ßmouleßt
groß	**big**	**bigger**	**biggest**
	big	bige	bigeßt
teuer	**expensive**	**more expensive**	**most expensive**
	ekßpenßiv	mo'e ekßpenßiv	möüßt ekßpenßiv

Alle regelmäßigen Eigenschaftswörter, die aus weniger als drei Silben bestehen, steigert man, indem man -er bzw. -est anhängt. Besteht es

aus drei oder mehr Silben, steigert man durch Voranstellen von more mo'e und most möüßt:

It's our best and most luxurious room.
itß ä'ue beßt en möüßt lagshüürejeß rüüm
es'ist unser beste und meist luxuriös Zimmer
Es ist unser bestes und luxuriösestes Zimmer.

Einige wichtige Ausnahmen:

many	menej	**more**	mo'e	**most**	möüßt	*viel*
good	güd	**better**	bede	**best**	beßt	*gut*
far	faa	**further**	föödhe	**furthest**	föödheßt	*weit*
bad	bäd	**worse**	wööß	**worst**	wöößt	*schlecht*
little	lidl	**less**	leß	**least**	lejßt	*wenig*

Ein anderes Wort für „viel(e)" ist a lot of e lotef oder lots of lotßef.

Vergleich

Will man Dinge vergleichen, verwendet man im Australischen meist das Wörtchen „von" to tuw. Formale Texte verwenden jedoch eher das britische from from, und der Gebrauch des amerikanischen (more / less) than (mo'e / leß) dhän wird auch immer beliebter. Alle benutzen jedoch für das vergleichende „wie" as äs:

Wichtige Eigenschaftswörter finden Sie in den passenden Konversationskapiteln oder natürlich in der Wörterliste.

Your customs are different to ours.
je kaßtems aa difrent te ä'ues
deine Bräuche sind verschieden zu unseres
Eure Bräuche sind anders als unsere.

Gut, besser, am besten

This is just as beautiful as I thought.
~~dh~~ißis dshaßtes bjüdeful äsoj ~~th~~out
dies ist genau so schön so ich dachte
Das ist genauso schön, wie ich es mir vorgestellt habe.

There're just as many dolphins as yesterday.
~~dh~~e'e dshaßt äs menej dolfins äs jeßtedaj
da'sind genau so viele Delfine so gestern
Es sind genauso viele Delfine da wie gestern.

EG

Surfer in Maroubra

Intensität

Wie im Deutschen kann man die Intensität von Farben durch Voranstellen von light lojt *(hell)* oder dark daak *(dunkel)* genauer beschreiben. Wenn man sich nicht sicher ist, welcher Farbton es ist, hängt man -ish -isch an.

green	**greenish**	**light green**	**dark green**
grejn	grejnisch	lojt grejn	daak grejn
grün	grünlich	hellgrün	dunkelgrün

Sein, haben & tun

An den drei Hilfswörtchen be *(sein)*, have *(haben)* und do *(tun)* führt kein Weg vorbei. Man braucht sie, um einfachste Sätze zu bilden. Sie sind unregelmäßig, also auswendig lernen!

sein

I'm / I am	ojm / oj äm	*ich bin*
you're / you are	jo'e / jüü aa	*du bist*
he's / he is	hejs / hej is	*er ist*
we're / we are	we'e / wej aa	*wir sind*
you're / you(se) are	jo'e / jüü aa / jüüs aa	*ihr seid*
they're / they are	~~dh~~e'e / ~~dh~~ej aa	*sie sind*

They're open.
~~dh~~e'e öüpen
sie'sind offen
Sie haben geöffnet.

That's lovely!
~~dh~~äds lavlej
das'ist liebenswert
Wirklich toll!

Wie Sie sehen, wird gerne mit einem Apostroph abgekürzt. Soll die Aussage betont werden, wird auch in der Umgangssprache nicht gekürzt und sagt in voller Länge:

That is amazing!
dhäd is emajsing
das ist erstaunend
Das ist wirklich super!

Die verneinten Formen bildet man mit not *(nicht)* oder hängt es abgekürzt zu -n't an die Hilfswortformen is und are.

I am not	**I'm not**	–
oj äm nod	ojm nod	
you are not	**you're not**	**you aren't**
jüü aa nod	jo'e nod	jüü aand
he is not	**he's not**	**he isn't**
hej is nod	hejs nod	hej isnd

Entsprechend kann man das auch auf we, they, these, those sowie she, it, that, this anwenden. Die beliebtesten Formen sind aren't / isn't.

haben

ich habe	**I've / I have**	ojv / oj häv
du hast	**you've / you have**	jüüv / jüü häv
er hat	**he's / he has**	hejs / hej häs
wir haben	**we've / we have**	wejv / wej häv
ihr habt	**you've / you(se) have**	jüüv / jüü(s) häv
sie haben	**they've / they have**	~~dh~~ejv / ~~dh~~ej häv

Die verneinten Formen bildet man mit not *(nicht)* oder abgekürzt zu -n't: have = haven't, has = hasn't. Auch hier bevorzugt man die Kurzform mit -n't. Eine britische Besonderheit ist auch im Australischen zusammen mit have anzutreffen: got. Ebenso häufig verwendet man aber die in Amerika bevorzugte Form mit do anstelle von have.

I haven't got time.
oj hävend god tojm
ich habe-n'icht bekommen Zeit
Ich habe keine Zeit.

I don't have time.
oj döünd häv tojm
ich tue-n'icht haben Zeit
Ich habe keine Zeit.

tun

I do	oj düü	ich tue
you do	jüü düü	du tust
he does	hej das	er tut
we do	wej düü	wir tun
you(se) do	jüü(s) düü	ihr tut
they do	~~dh~~ej düü	sie tun

Mit der verneinten Form von do kann man jedes Tätigkeitswort verneinen. Die verneinten Formen bildet man mit not *(nicht)* oder abgekürzt zu -n't.

I don't like this!
oj döünd lojk ~~dh~~iß
ich tun-n'icht mögen dies
Das finde ich nicht schön!

I don't know how long this trail is.
oj döünd nöü hä'u long ~~dh~~iß trajl is
ich tun-n'icht wissen wie lang dies Pfad ist
Ich weiß nicht, wie lang dieser Pfad ist.

Man braucht dieses Hilfswort aber auch zum Formulieren einer Frage, wenn man kein Fragewort *(wer, was, …)* verwendet.

Der frilled lizard *stellt seinen (Haut-)Kragen bei Gefahr auf.*

Do you have a frilled lizard?
düüje häv e frild lised
tun du haben ein Kragen-habend Echse
Haben Sie auch eine Kragenechse?

In Aussagesätzen verwendet man do, wenn die Aussage des darauf folgenden Tätigkeitswortes unterstrichen werden soll:

Der bearded dragon *ist eine der häufig vorkommenden Echsen in Australien.*

I do have a bearded dragon though.
oj düü häv e bi'eded drägen dhöü
ich tue haben ein bärtig Drache jedoch
Ich habe aber einen Bartagame.

EG

Picknick

Gestern, heute, morgen

Zum Glück ist die Beugung der Tätigkeitswörter (Verben) im Englischen sehr übersichtlich. Wie man sie verneint und bestimmte Zeiten bildet, unterscheidet sich jedoch stark vom Deutschen – daher aufgepasst!

Gegenwart

Fast alle Personen haben immer die gleiche Form – die Grundform. Nur bei der *er-sie-es*-Form hängt man zusätzlich ein -s an. Endet die Grundform jedoch auf -ss, -ch, -sh oder einen Selbstlaut, wird -es angehängt. Endet ein Tätigkeitswort auf einen Mitlaut plus -y, verändert sich die Endung zu -ies. Ist doch einfach, oder?!

I buy, you pass, we like, you fly, they go
oj boj, jüü paaß, wej lojk, jüü floj, ~~dh~~ej göü
ich kaufe, du reichst, wir mögen, ihr fliegt, sie gehen

he / she / it buys, passes, likes, flies, goes
hej / schej / id bojs, paaßes, lojkß, flojs, göüs
er / sie / es kauft, reicht, mögt, fliegt, geht

The shop usually opens at 10.
~~dh~~e schop jüüshelej öüpens äd ten
der Laden normalerweise öffnet um10
Der Laden macht normalerweise um 10 Uhr auf.

She lives in Coober Pedy.
schej livs in küübe pejdej
sie lebt in Coober Pedy
Sie wohnt in Coober Pedy.

Zur Verneinung stellt man die entsprechende verneinte Form des Hilfswortes do vor das Tätigkeitswort (in seiner Grundform!):

Don't miss out on Australian wildlife!
döünd miß ä'ut on eßtrajlen wojdlojf
tue-n'icht verpassen aus auf australische Wildleben
Verpassen Sie nicht die Wildtiere Australiens!

The TV doesn't work.
~~dh~~e tejvej dasnt wöök
der TV tut-nicht arbeiten
Der Fernseher funktioniert nicht.

Zukunft

Wenn es nicht so sehr um den Verlauf geht, sondern vielmehr um eine Prognose, einen Plan, sollte man die Zukunft mit dem Hilfswort will wil *(werden)* bilden. will und seine verneinte Form won't wöünd sind immer unverändert und gelten für alle Personen.

I'll see you down at the pub.
ojl ßej je dä'un äd ~~dh~~e pab
ich'werde sehen dich unten bei der Kneipe
Ich treffe dich dann bei der Kneipe.

I won't buy those thongs.
oj wöünd boj dhöüs thongs
ich werde-n'icht kaufen jene Latschen
Ich werde diese Badelatschen nicht kaufen.

Eine beliebte Variante kann man mit going to göüin tü *(gehend zu)* bilden:

I'm going to buy a ticket to Brisbane.
ojm gone boj e tiket te brisben
ich'bin gehend zu kaufen ein Ticket zu Brisbane
Ich werde mir ein Ticket nach Brisbane kaufen.

Ist alles noch nicht definitiv geplant, sondern an eine Bedingung geknüpft, verwendet man would wüd oder die verneinte Form wouldn't wüdnt.

I'd buy this one, if I were you.
ojd boj dhiß wan if oj wöö jüü
ich'würde kaufen dies eins wenn ich wäre du
Ich würde dieses kaufen, wenn ich du wäre.

Vergangenheit & vollendete Gegenwart

Die einfache Vergangenheit und die vollendete Gegenwart kennen Sie aus dem Deutschen „ich flog" und „ich bin geflogen". Nur ist im Australischen ihre Bildung viel einfacher, denn in der einfachen Vergangenheit sind alle Formen gleich!

I, you, he / she / it, we, you, they waited
oj, jüü, hej / schej / id, wej, jüü, dhej wajded
ich wartete, du wartetest, er / sie / es wartete, wir warteten, ihr wartetet, sie warteten

Die einfache Vergangenheit bildet man durch ein einfaches Anhängen von -ed an die Grundform. Endet die Grundform jedoch auf einen Mitlaut plus -y, wird daraus -ied; endet sie auf einen Selbstlaut plus -y, wird daraus manchmal nur -id. An Grundformen, die auf -e enden, wird nur ein -d angehängt.

brennen	**burn**	böön	**burned**	böönd
heiraten	**marry**	märej	**married**	märejd
färben	**dye**	doj	**dyed**	dojd
sterben	**die**	doj	**died**	dojd
bleiben	**stay**	ßtaj	**stayed**	ßtajd
bezahlen	**pay**	paj	**paid**	pajd

Leicht zu merken sind die Vergangenheitsformen der drei wichtigen Hilfswörter be, have und do, denn für have gilt immer had bzw. verneint hadn't. Für do gilt immer did bzw. verneint didn't. Bleibt nur noch be, dessen verneinte Formen immer wasn't / weren't lauten.

I was	oj wos	ich war
you were	jüü wöö	du warst
he was	hej wos	er war
we were	wej wöö	wir waren
you(se) were	jüü(s) wöö	ihr wart
they were	dhej wöö	sie waren

Einfacherweise bildet man die vollendete Gegenwart mit have und dem Partizip. Ist das Tätigkeitswort regelmäßig, stimmt es mit der einfachen Vergangenheit überein, z.B. opened, closed. Da Australier sowohl regelmäßige als auch unregelmäßige Formen verwenden, empfehle ich Ihnen, es zunächst mit den regelmäßigen zu versuchen!

American	British	Aussie	
learned	learnt	learnt / learned	*gelernt*
wed	wedded	wed / wedded	*verheiratet*
lit	lighted	lit / lighted	*beleuchtet*

I've been to Uluru as well.
ojv bejn te ülürüü äs wel
ich'habe gewesen zu Uluru so gut
Ich war letztes Jahr am Ayers Rock.

Der Ayers Rock *heißt mittlerweile offiziell wieder entsprechend seiner Aboriginal-Bezeichnung* Uluru.

I've seen a koala before.
ojv ßejn e köüaale befo'e
ich'habe gesehen ein Koala zuvor
Ich habe schon einmal einen Koala gesehen.

Verlaufsform

Eine solche Form gibt es im Deutschen nicht. Die Australier geben damit an, dass sie inmitten einer noch andauernden Handlung stecken. Man bildet sie mit der gebeugten Form von be + Tätigkeitswort + Endung -ing. Falls das Tätigkeitswort auf -e endet, wird dieses gestrichen.

While I was travelling in Australia, ...
wojl oj wos trävling in eßtrajlje
während ich war reisend in Australien
Während ich in Australien umherreiste, ...

She's out surfing.
schejs ä'ud ßööfing
sie'ist aus surfend
Sie ist gerade surfen.

How long do you think you'll be staying?
hä'u long djüü thingk jüül bej ßtajing
wie lange tun du denken du'wirst sein bleibend
Wie lange wirst du bleiben?

Da man die Verlaufsform mit be bildet, verwendet man zur Verneinung die verneinte Form mit not *(nicht)* bzw. -n't:

He's not diving this summer.
hejs nod dojving dhiß ßame
er'ist nicht tauchend dies Sommer
Er wird diesen Sommer nicht tauchen.

Man drückt mit der Verlaufsform aber auch Pläne für die nahe Zukunft *(morgen, heute Abend)* aus:

We're having a barbie tonight.
we'e häving e baabej tenojt
wir'sind habend ein Barbecue zu-Nacht
Wir werden heute Abend grillen.

Können, müssen, wollen

Bei den vollwertigen *(V)* Tätigkeitswörtern wird an die *er-sie-es*-Form ein -s angehängt. Ein zweites Tätigkeitswort kann nur nach dem Wörtchen to *(um zu)* folgen. Sie werden mit der verneinten Formen von do verneint und können auch in der Verlaufsform oder Zukunft gebraucht werden.

V = vollwertig

Die unselbständigen *(U)* Hilfs-Tätigkeitswörter wie can, may, must und ihre Vergangenheitsformen could, might, should müssen immer durch ein weiteres Tätigkeitswort ergänzt werden. Verneint werden sie mit not oder der Endung -n't: can't / couldn't, may not / might not, mustn't / shouldn't. Sie werden nicht gebeugt, sondern sind für alle Personen gleich. Hier gibt es keine weiteren Zeiten!

U = unselbständig

wollen, mögen, möchte(n)

want = *V*
like = *V*
wish = *V*
love = *V*
to be fond of = *V*

He wants to visit the Barossa valley.
hej wontßte visid ~~dh~~e beroße välej
er möchte zu besuchen das Barossa Tal
Er möchte Barossa Valley besuchen.

He likes to surf.
hej lojkßte ßööf
sie mag zu surfen
Sie surft gern.

He doesn't like surfing.
hej dasnd lojk ßööfing
er tut-n'icht mögen surfend
Er surft nicht gerne.

I wish it was cooler.
oj wisch id wos küüle
ich wünsche es wäre kühler
Ich wünschte, es wäre kälter.

I love eating steak sandwiches.
oj lav ejting ßtajk ßänwitsches
ich liebe essend Steak Sandwiche
Ich esse gerne Steak-Sandwich.

I'm not too fond of this colour.
ojm nod tüü fondef ~~dh~~iß kale
ich'bin nicht zu liebhaben von dies Farbe
Ich mag diese Farbe nicht so gern.

I can't stand having to wait.
oj kaant ßtänd häving te wajd
ich kann-n'icht ausstehen habend zu warten
Ich kann Warten nicht ausstehen.

need = *V*
must = *U*
to have (got) to = *V*

müssen

In Australia you must vote.
in eßtrajlje jüü maßt vöüt
in Australien du musst wählen
In Australien herrscht Wahlpflicht.

Achtung: must *hat im Australischen die Bedeutung „müssen" im Sinne von „es scheint so".*

He must be home.
hej maßt bej höüm
er muss sein zu-Hause
Er muss zu Hause sein.

He must be tired.
hej maßt bej tojed
er muss sein müde
Er muss müde sein.

He still needs to pay.
hej ßtil nejds te paj
er noch soll zu zahlen
Er muss noch zahlen.

She has to leave.
schej häs te lejv
sie hat zu weggehen
Sie muss gehen.

have to *drückt einen starken Zwang aus.*

I've got to go swimming.
ojv gade göü ßwiming
ich'habe bekommen zu gehen schwimmend
Ich muss jetzt schwimmen gehen.

sollen

shall / should = *U*
ought = *U*
need = *V*

Shall we dance?
schäl wej daanß
sollen wir tanzen
Sollen wir tanzen?

She ought to wake up.
schej oude wajkap
sie soll zu wachen auf
Sie sollte aufwachen.

He should apologize.
hej schüd epoledshojs
er sollte entschuldigen
Er sollte sich entschuldigen.

You need to apply a pressure bandage.
jüü nejte eploj e presche bändedsh
du brauchen zu anwenden ein Druck Verband
Du solltest einen Druckverband anlegen.

können

can / could = *U*
to be able to = *V*
may / might = *U*

He can't sing.
hej kaant ßing
er kann-n'nicht singen
Er kann nicht singen.

She's able to drive.
schejs ajbl te drojv
sie'ist fähig zu fahren
Sie kann fahren.

Could you please call me a taxi?
küdje plejs koul mej e täkßej
könntest du bitte rufen mir ein Taxi
Könnten Sie mir bitte ein Taxi rufen?

That may come in handy.
~~dh~~äd maj kam in händej
das darf kommen in handlich
Das könnte von Nutzen sein.

You can see the Milky Way very well.
jüü kän ßej ~~dh~~e milkej waj verej wel
du kannst sehen die Milch Straße sehr gut
Man kann die Milchstraße sehr gut sehen.

use to = *V*

dürfen

He may drink.
hej maj dringk
er darf trinken
Er darf trinken.

She's allowed to speak.
schejs elä'ute ßpejk
sie'ist erlaubt zu sprechen
Sie darf reden.

may / might = *U*
to be allowed to = *V*

gewohnt sein

He used to surf daily.
hej jüüßte ßööf dajlej
er gewohnt zu surfen täglich
Er hat früher jeden Tag gesurft.

She's not used to drinking wine.
schejs nod jüüßte dringking wojn
sie'ist nicht gewohnt zu trinken Wein
Sie ist Wein trinken nicht gewöhnt.

Nein & kein

Es gibt im Australischen vier Wörter zur Verneinung. Eines haben Sie bereits kennen gelernt:

not nod **nicht**

Es wird zur Verneinung von allen Tätigkeitswörtern und Hilfswörtern verwendet. Die gekürzte Variante -n't kann nur an folgende Hilfswörter angehängt werden: do, have, be, must, should, can, could, might, will, would.

no nöü **nein, kein**

So sagt man einfach „nein". Aber so bringt man auch Verbote zum Ausdruck, oder dass etwas nicht vorhanden ist oder nicht akzeptiert wird. no kann vor Tätigkeitswörtern in Verlaufsform oder vor Hauptwörtern stehen.

No smoking.
nöü ßmööking
kein rauchend
Rauchen verboten!

No standing.
nöü ßtänding
kein stehend
Halteverbot!

No worries!
nöü wörejs
keine Sorgen
Kein Problem!

No fires permitted.
nöü fojeß pöömided
kein Feuer erlaubt
Feuer machen verboten!

non- non- Nicht-

Die Vorsilbe non- *findet man nur in festen Verbindungen, vor Haupt- und gelegentlich Eigenschaftswörtern.*

non-smoker	**nondescript**	**nonstop**
nonßmöüke	nondeßkript	nonßtop
nicht-Raucher	*nicht-beschreibbar*	*nicht-halten*
Nichtraucher	undefinierbar	nonstop

un- / in- (ir-) an- / in- (i-) un-

Es macht Dinge rückgängig und drückt das Gegenteil aus, genau wie das deutsche „un-“. Die ir-Form wird gebraucht, wenn das angehängte Wort mit einem r anfängt.

unfriendly	anfrendlej	unfreundlich
uncomfortable	ankamftebl	unbequem
unable	anajbl	unfähig
unfair	anfe'e	unfair
unlock	anlok	aufschließen
undo	andüü	öffnen
irreplacable	ireplajßebl	unersetzlich
irregular	iregjüle	unregelmäßig

n- *(in feststehenden Ausdrücken)*

Das not ist im Laufe der Zeit mit dem zu negierenden Teil verschmolzen.

never	neve	nie
never ever	neve eve	niemals
neither ... nor	noj~~dh~~e ... no'e	weder ... noch
nothing	na~~th~~ing	nichts
none	nan	keines

Fragen & Aufforderungen

Bilden Sie eine Frage mit einem Fragewort, dann machen Sie das genau wie im Deutschen. Das Gesuchte ersetzen Sie einfach durch das Fragewort.

Alle Fragewörter finden Sie schnell griffbereit in der hinteren Umschlagsklappe.

Who wants to taste?
hüü wontßte tajßt
wer will zu schmecken
Wer möchte (den Wein) probieren?

What's this shirt worth?
wotß ~~dh~~iß schööt wöö~~th~~
was'ist dies Hemd wert
Wie viel kostet dieses Hemd?

How much does this cost?
hä'u matsch das ~~dh~~iß koßt
wie viel tut dies kosten
Wie viel kostet das?

Why do you still have the Queen?
woj djüü ßtil häv ~~dh~~e kwejn
warum tun du noch haben die Königin
Warum habt ihr noch die britische Königin?

Wenn man eine Frage ohne Fragewort bilden möchte (z.B. „Hast du das gemacht?“), tut man das ähnlich wie im Deutschen. Aber auch hier müssen Sie sich sklavisch an die australische Satzstruktur halten.

Do you have any plans for tonight?
djüü häv enej pläns fo'e tenojt
tun du haben irdendwelche Pläne für zu-Nacht
Hast du heute Abend schon was vor?

Do you accept credit cards?
djüü ekßept kredid kaads
tun du akzeptieren Kredit Karten
Akzeptieren Sie Kreditkarten?

Do you have a light?
djüü häve lojt
tun du haben ein Licht
Haben Sie mal Feuer?

Bei Fragesätzen mit anderen Hilfswörtern (be, must, should, can, could, may, might, will, would) fragt man ohne do.

Haven't you been to Uluru?
hävend jüü bejn te ülürüü
hast-n'icht du gewesen zu Uluru
Warst du nicht schon mal beim Ayers Rock?

Could you pass me the tomato sauce please?
küd jüü paaß mej ~~dh~~e temaadöü ßöüß plejs
könntest du reichen mir die Tomate Soße bitte
Kannst du mir bitte das Ketchup reichen?

Can I have a stubbie-holder, please?
kän oj häv e ßtabej höülde plejs
kann ich haben ein Stummel-Halter bitte
Kann ich bitte einen Bierkühler haben?

That's just amazing isn't it?
~~dh~~ätß dshaßt emajsing init
das'ist nur erstaunlich ist-n'icht es
Ist das nicht fantastisch?

That can't be the right hotel can it?
~~dh~~äd kaant be ~~dh~~e rojt höütel kän id
das kann-n'icht sein das richtige Hotel kann es
Das kann nicht das richtige Hotel sein, oder?

Für rhetorische Fragen wiederholen Sie das Hilfswort des Satzes in der entgegengesetzten Form, z. B. verneint, wenn es bejaht war, und hängen noch ein it *hintendran.*

EG

Geschäftsleute in Melbourne

Aufforderungen

Einfacher geht's nicht. Man verwendet einfach das Tätigkeitswort in der Grundform:

Come on in.	**Let us go home!**
kam on in	ledaß göu höüm
kommen auf in	*lass uns gehen heim*
Komm herein!	Lass uns nach Hause gehen!

Please observe the rules whilst in this park.
plejs obßööv ~~dh~~e rüüls wojßt in ~~dh~~iß paak
bitte beachten die Regeln während in dies Park
Bitte beachten Sie die Regeln während Ihres Aufenthaltes in diesem Park.

Zahlen & Zählen

Sie stehen auf jeder Seite, damit Sie sie spielend erlernen. Das Zusammensetzen von Zahlen bis 99 erfolgt einfach mit Bindestrich. Bei Zahlen ab Hundert fügen Sie and en *(und)* ein:

99 = **ninety-nine**
515 = **five hundred and fifteen**

0	**zero**	sejröü	10	**ten**	ten
1	**one**	wan	11	**eleven**	ejlevn
2	**two**	tüü	12	**twelve**	twelv
3	**three**	~~th~~rej	13	**thirteen**	~~th~~öötejn
4	**four**	fo'e	14	**fourteen**	foutejn
5	**five**	fojv	15	**fifteen**	fiftejn
6	**six**	ßikß	16	**sixteen**	ßikßtejn
7	**seven**	ßeven	17	**seventeen**	ßeventejn
8	**eight**	ajt	18	**eighteen**	ajtejn
9	**nine**	nojn	19	**nineteen**	nojtejn

20	**twenty**	twentej	60	**sixty**	ßikßtej
30	**thirty**	~~th~~öötej	70	**seventy**	ßeventej
40	**forty**	foutej	80	**eighty**	ajtej
50	**fifty**	fiftej	90	**ninety**	nojtej

100	**a / one hundred**	e / wan handred
200	**two hundred**	tüü handred
1000	**a / one thousand**	e / wan ~~th~~ä'usend
2000	**two thousand**	tüü ~~th~~ä'usend
Million	**a / one million**	e / wan miljen
Milliarde	**a / one billion**	e / wan biljen

In Australien zählt man die Stockwerke genau wie bei uns, das Erdgeschoss heißt ground floor grä'und flo'e, und dann geht es weiter mit first floor, second floor usw.

1st	**first**	föößt	**6th**	**sixth**	ßikß~~th~~
2nd	**second**	ßekend	**7th**	**seventh**	ßeven~~th~~
3rd	**third**	~~th~~ööd	**8th**	**eighth**	ajt~~th~~
4th	**fourth**	fou~~th~~	**9th**	**ninth**	nojn~~th~~
5th	**fifth**	fif~~th~~	**10th**	**tenth**	ten~~th~~

20th = twentieth
twenteje~~th~~

21th = twenty first
twentej föößt

Häufigkeit kann man ausdrücken mit der jeweiligen Zahl und time(s) tojm(s). Für „ein Mal" und „zwei Mal" gibt es jedoch noch eine zweite Form.

one time / once	wan tojm / wanß	einmal
two times / twice	tüü tojms / twojß	zweimal

Geht es um Dezimalzahlen, schreibt man z. B. $3.50 und setzt einen Punkt statt eines Kommas dazwischen. Den Punkt, den wir bei 1.000er-Schritten verwenden, ist bei den Australiern ein Komma: 1,000 (aber nur wenn es ganz unübersichtlich wird). Geht es um Teilstücke, braucht man das folgende:

1/2	**(a / one) half**	(e / wan) haaf
1/3	**a / one third**	e / wan ~~th~~ööd
1/4	**a / one quarter**	e / wan kwoode
3/4	**three quarters**	~~th~~rej kwoodes

Die Maße im Imperial system *lauten:* ounce, pound, stone, hundredweight, inch, foot, yard, mile.

Einfacherweise ist man in Australien zwischen 1970 und 1982 offiziell auf das metric system metrik ßißtem *(metrisches System)* umgestiegen. Im Sprachgebrauch gibt es jedoch eine Menge an Redewendungen, die noch auf das alte System Bezug nehmen. Sie brauchen die alten Maße jedoch nicht umzurechnen. Wenn jemand sie verwendet, sagen Sie einfach:

I'm not familiar with the Imperial system.
ojm nod fämilje widh dhii impejrjel ßißtem
ich'bin nicht bekannt mit das imperiale System
Ich kenne die englischen Maße nicht.

What's that in metric?
wotß dhäd in metrik
was'ist das in metrisch
Wie viel ist es in metrischen Maßen?

Zeit & Datum

Die Monate heißen: January dshänjürej, February febrürej, March maatsch, April ajpril, May maj, June dshüün, July dshüüloj, August ougeßt, September ßeptembe, October oktöübe, November nöüvembe, December dejßembe. Sie werden groß geschrieben, genau wie die Wochentage: Monday mandaj, Tuesday tjüüsdaj, Wednesday wensdaj, Thursday thöösdaj, Friday frojdaj, Saturday ßätedaj, Sunday ßandaj.

What's the date today / today's date?
wotß ~~dh~~e dajt tedaj / tedajs dajt
was'ist das Datum heute / heute'sein Datum
Welches Datum haben wir heute?

Today's the 31st of March.
tedajs ~~dh~~e ~~th~~öötej föößt of maatsch
heute'ist der 31. von März
Heute ist der 31. März.

Das Datum schreibt man z. B. 31/3/2002.

When's your birthday?
wensje böö~~th~~daj
wann'ist dein Geburtstag
Wann ist dein Geburtstag?

Das Jahr (year ji'e) sagt man fast genauso wie im Deutschen: nineteen-ninety-nine nojtejn nojtej nojn für 1999, aber two thousand and three tüü ~~th~~ä'usend en ~~th~~rej für das Jahr 2003.

Uhrzeit

In Australien gibt es vier Zeitzonen (time zones tojm söüns). In NT, QLD, WA hat man keine daylight saving dajlojt ßajving *(Sommerzeit)*, aber anderswo wird die Uhr am letzten Oktobersonntag eine Stunde vorgestellt und am letzten Märzsonntag zurückgestellt.

Von Westen nach Osten MEZ+7 Std. (Perth), +8,5 Std. (Darwin, Adelaide, Broken Hill), +9 Std. (Brisbane, Hobart, Melbourne, Sydney, Canberra) und +9,5 Std. (Lord Howe Island).

What time is it?
wod tojm isit
was Zeit ist es
Wie spät ist es?

It's ...
itß
es'ist
Es ist ...

five o'clock
fojv eklok
fünf Uhr
fünf Uhr

ten past five
ten paaßt fojv
zehn nach fünf
zehn nach fünf

quarter past five
kwoode paaßt fojv
Viertel nach fünf
Viertel nach fünf

five fifteen
fojv fiftejn
fünf fünfzehn
fünf Uhr fünfzehn

half past five
haaf paaßt fojv
halb nach fünf
halb sechs

five thirty
fojv thöötej
fünf dreißig
fünf Uhr dreißig

Damit Sie bei der Verabredung nicht zu spät kommen – to be late tüü bej lajt – *sondern pünktlich sind* – to be on time tüü bej on tojm – *erkundigen Sie sich besser nach der Uhrzeit:*

quarter to six
kwoode te ßikß
Viertel zu sechs
Viertel vor sechs

ten to six
ten te ßikß
zehn zu sechs
zehn vor sechs

At what time?
äd wod tojm
bei was Zeit
Welche Uhrzeit?

At (about) ... o'clock.
äd (ebä'ud) ... eklok
bei (etwa) ... Uhr
Etwa um ...

Weitere Zeitangaben helfen besonders bei Verabredungen und Ticketbuchungen weiter:

In ... hour(s).
in ... ä'ues
in ... Stunde(n)
In ... Stunde(n).

In half an hour.
in haafen ä'ue
in halb ein Stunde
In einer halben Stunde.

next week / Monday / month / time
nekß wejk / mandaj / man~~th~~ / tojm
nächste Woche / Montag / Monat / Mal

in two days / weeks / months / years
in tüü dajs / wejkß / man~~th~~ß / ji'es
in zwei Tagen / Wochen / Monaten / Jahren

last autumn / night
laaßt oudem / nojt
letzt Herbst / Abend

this evening
~~dh~~iß ejvning
dies Abend

in the morning
in ~~dh~~e mouning
an der Morgen

on Friday night
on frojdaj nojt
an Freitag Abend

a little later
e lidl lajde
ein klein später

maybe earlier
majbej ööleje
vielleicht früher

before tomorrow
befo'e temoröü
vor morgen

after tonight
aafte tenojt
nach zu-Nacht

until yesterday afternoon
antil jeßtedaj aaftenüün
bis gestern Nachmittag

since today
ßinß tedaj
seit heute

as of ten o'clock
äsof ten eklok
ab von zehn von-der'Uhr
ab zehn Uhr

two days ago
tüü dajs egöü
zwei Tage her
vor zwei Tagen

Die Stunde nennt sich hour ä'ue, *und die teilt sich in Minuten* minutes minetß *und Sekunden* seconds ßekends.

from 8 a.m. to 8 p.m.
from ajt ajem te ajt pejem
von 8 Vormittag zu 8 Nachmittag
von 8 bis 20 Uhr

Bei der Uhrzeit setzen die Australier einen Doppelpunkt 3:50 *und unterscheiden Vor- und Nachmittag mit* a.m. / p.m.

I'll see you between five and six.
ojl ßej jüü betwejn fojv en ßikß
ich'werde sehen dich zwischen fünf und sechs
Ich sehe dich dann zwischen fünf und sechs.

by next week
boj nekß wejk
bei nächste Woche
bis nächste Woche

around September
erä'und ßeptembe
um-herum September
um September herum

on the weekend
on ~~dh~~e wejkend
an das Wochenende
am Wochenende

at the moment
äd ~~dh~~e möüment
bei der Moment
im Moment

Zu den Australiana in puncto Zeit gehören folgende Ausdrücke:

arvo	aavöü	Nachmittag
sec	ßek	Sekunde
tick	tik	Augenblick
yonks	jongkß	eine lange Zeit

(I'll) be back in a sec / tick.
ojl bej bäk ine ßek / tik
ich'werde sein zurück in ein Sekunde / Augenblick
Ich bin sofort wieder da.

Der Satz

Jetzt haben Sie die Grammatik fast hinter sich, und ich kann Ihnen verraten, wie Sie all diese Teile im Australischen in die richtige Reihenfolge bringen.

wer?	**Hilfswort + Aktion**	**was? / wo? / wann?**
Many tourists	**like to visit**	**Queensland in winter.**
menej türißtß	lojkte visit	kwejnsländ in winte
viele Touristen	*mögen zu besuchen*	*Queensland im Winter*
Viele Touristen kommen im Winter gerne nach Queensland.		

Fragewort?	**Hilfswort**	**wer?**	**Aktion**	**was? / wo? / wann?**
Where	**did**	**you**	**buy**	**that dillybag?**
we'e	did	jüü	boj	~~dh~~äd dilejbäg
wo	*tatest*	*du*	*kaufen*	*das Tasche*
Wo hast du das Täschchen gekauft?				

Halten Sie sich einfach an diese strenge Struktur, egal was Sie dem Aussagesatz noch an Zeit- oder Ortsbestimmungen hinzufügen, die Einheit „Wer-macht-was" bleibt immer als Kern bestehen! Beim Fragesatz müssen natürlich nicht immer alle Komponenten vorhanden sein!

Im Deutschen bauen wir Sätze ja schon mal gerne um – vermeiden Sie das in Ihrem australischen Satz!

A cup of wedges with sour cream, please.
e kapef wedshes wi~~dh~~ ßä'ue krejm plejs
ein Becher von breite-Fritten mit saure Sahne bitte
Eine Portion handgeschnittener Pommes mit saurer Sahne, bitte.

Just continue straight and take the third left.
dshaßt kontinjüü ßtrojt en tajk ~~dh~~e ~~th~~ööd left
nur weitergehen geradeaus und nehmen die dritte links
Geradeaus und dann die dritte links.

closed due to flooding
klöüsd djüüte flading
geschlossen wegen zu flutend
geschlossen wegen Überflutung

Could I have a green salad instead, please?
küd oj häve grejn ßäled inßted plejs
könnte ich haben ein grün Salat stattdessen bitte
Könnte ich stattdessen einen grünen Salat bekommen?

Window, middle or aisle seat during the day?
windöü midel o'e ojl ßejt djüüring ~~dh~~e daj
Fenster Mitte oder Gang Sitz während der Tag
Fenster-, Mittel- oder Gangplatz während des Tages?

I'd like the oysters as an entree, please.
ojd lojk ~~dh~~ii ojßtes äsen õträäj plejs
ich'würde mögen die Austern als ein Vorspeise bitte
Ich hätte gern die Austern als Vorspeise.

We only have a dorm-bed left.
wej öünlej häve doumbed left
wir nur haben ein Schlafsaalbett übrig
Wir haben nur noch ein Schlafsaalbett frei.

Manche Umstandswörter kann man mit der Endung -ly bilden. Der Wortstamm ist immer ein Eigenschafts- oder Hauptwort.

I travel rather often.
oj trävel raa~~dh~~e oufen
ich reise recht oft
Ich reise recht viel.

I feel extremely tired.
oj fejl ekßtrejmlej tojed
ich fühle extrem müde
Ich bin ziemlich müde.

In den Umschlagklappen finden Sie eine Liste von Binde- und Umstandswörtern zur Verknüpfung und Ausschmückung Ihrer Sätze.

I rarely get seasick.
oj re'elej get ßejßik
ich selten bekommen seekrank
Ich werde selten seekrank.

Do you always go to the cricket?
düüje oulwajs göüte ~~dh~~e kriked
tust du immer gehen zu der Cricket
Gehst du immer zum Cricket?

I'd like to go to that pub again.
ojd lojkte göüte ~~dh~~äd pab egajn
ich'würde mögen zu gehen zu das Bar nochmal
Ich würde gerne nochmal in jene Bar gehen.

I'm just browsing.
ojm dshaßt brä'using
ich'bin nur guckend
Ich will mich nur mal umsehen.

I'll be going on that tour as well.
ojl bej göüin on ~~dh~~äd tü'e äswel
ich'werde sein gehend auf das Tour wie gut
Ich werde auch jene Tour machen.

EG

Ein Postamt in Hobart, Tasmanien

Kurz-Knigge

Wenn Sie in Australien sind, wird Ihnen sicherlich sogleich auffallen, dass alle extrem freundlich sind. Wildfremde Menschen begrüßen Sie mit How are you today? *(Wie geht es Ihnen heute?)* oder noch australischer mit einem How's it going? *(Wie geht's?)* und verabschieden Sie mit See you later! Lassen Sie sich nicht davon irritieren, dass Sie diese Person vermutlich nie wieder sehen werden. Das weiß auch der Australier, trotzdem sagt er zum Abschied *sehe dich später.*

Man sagt für alles thanks *(danke),* und an je-de Frage sollte man ein please *(bitte)* anhängen, sonst ist man grob unhöflich. Also tun Sie es den Australiern nach, lächeln Sie mehr, sagen Sie viel häufiger „bitte" und „danke", und reden Sie mit den Leuten!

Wundern Sie sich nicht darüber, dass Australier bei der direkten Rede gerne an jeden Satz ein mate *(Kumpel)* anhängen. Das machen sie sowohl bei Männern als auch bei Frauen, und auch bei völlig Unbekannten. Es sorgt eben für den freundlichen Ton der Australier. Außerdem hängen ältere Herren gegenüber jüngeren Damen gerne ein love *(Liebes)* oder darling *(Schatz)* an, das ist aber nicht als Anmache gemeint, sondern reine Verehrung des anderen Geschlechts.

Lernen Sie Australier kennen, werden diese sich immer mit ihrem Vornamen vorstellen.

Zum Begrüßen gibt man sich dann normalerweise die Hand, aber kumpelhaft!

Australier sind im ungeheuer stolz auf ihr Land und vertragen Kritik nicht besonders gut. Seien Sie also sparsam mit kritischen Anmerkungen! Die Nationalhymne Advance Australia Fair kann kaum einer singen, die löste nämlich erst 1984 das britische God Save the Queen ab. Aber dafür kann jeder das alte Volkslied Waltzing Matilda singen. Es ist voller ocker terms *(rein australischer Begriffe)*, die ihren Ursprung in der Sprache der Aboriginals und der ersten Einwanderer haben.

Waltzing Matilda: „Once a jolly swagman camped by a billabong Under the shade of a coolibah tree And he sang as he watched and waited till his billy boiled You'll come a-waltzing Matilda with me ..."

In der Öffentlichkeit dürfen sie keinen Alkohol trinken, und im Wagen schon mal gar nicht! Zum Verkauf braucht man das Prädikat licensed *(lizensiert)*. Ein bottle shop bzw. liquor store *(Spirituosenladen)* hat eine solche Lizenz, aber längst nicht jedes Restaurant! Dort heißt es dann meist BYO – „Bring deinen eigenen *(Alkohol)*". Das Mitgebrachte dürfen Sie dann dort trinken.

Als Raucher möchten Sie vielleicht ein paar Worte mit der Raucherminderheit austauschen. Rauchen ist nämlich in allen Gaststätten verboten, also müssen Sie vor die Tür.

Neat casual dress required. = *ordentliche bequeme Kleidung benötigt.*

Man sieht häufig Hinweisschilder an Kneipen oder Restaurants, dass man ordentlich angezogen sein muss, um das Lokal zu betreten. Das heißt, man sollte nicht barfuß sein, keine Badelatschen anhaben und keinen freien Oberkörper, bzw. nicht in Badesachen gekleidet sein.

Floskeln & Redewendungen

Begrüßen geht ganz einfach. Auf ein How are you? sollten Sie aber nur antworten, wenn Sie mit einem Freund sprechen. Sagt es eine Bedienung, ein Verkäufer usw., will er / sie keine Antwort hören, sondern Ihnen weiterhelfen.

G'day!	**Hi!**	**How are you today, mate?**
gdaj	hoj	hä'u aaje tedaj majt
guten Tag	*hallo*	*wie bist du heute Kumpel*
Guten Tag!	Hi!	Wie geht's?

How's it goin'?	**How are you (goin')?**
hä'usid göüin	hä'u aaje (göüin)
wie'ist es gehend	*wie bist du (gehend)*
Wie geht's?	Wie geht's?

Yeah alright, thanks.	**Not bad.**
je'e ourojt thängkß	not bäd
ja in-Ordnung danke	*nicht schlecht*
Alles okay, danke.	Ganz okay, danke.

See you!	**Catch you later!**	**Bye!**
ßej je	kätschje lajde	boj
seh dich	*fange dich später*	*tschüss*
Auf Wiedersehen!	Bis dann!	Tschüss!

Immer seltener im Gebrauch, aber dennoch gelegentlich mal zu hören ist die absolute ocker-*Variante:* Hooroo! hüürüü *(Tschüss!)*

Let's keep in touch.
letß kejp in tatsch
lass'uns halten in Kontakt
Lass uns in Kontakt bleiben.

How about we have dinner sometime?
hä'u ebä'ut wej häv dine ßamtojm
wie über wir haben aus-Essen irgendwann
Wie wär's wenn wir mal zusammen essen gehen?

Do you have any plans for tonight?
djüü häv enej pläns fo'e tenojt
tun du haben irdendein Pläne für zu-Nacht
Hast du heute Abend schon was vor?

I'm sorry, I can't. How about next week?
ojm ßorej oj kaant hä'u ebä'ut nekß wejk
ich'bin Leid ich kann-n'icht wie über nächste Woche
Es tut mir Leid, ich kann nicht.
Wie wäre es mit nächster Woche?

Tuesday is fine. How about seven o'clock?
tjüüsdaj is fojn hä'u ebä'ut ßeven eklok
Dienstag ist fein wie über sieben Uhr
Dienstag ist okay. Wie wär's mit sieben Uhr?

Gute Wünsche

Good night!	**I'm going to hit the sack.**
güd nojd	ojm gone hit ~~dh~~e ßäk
gute Nacht	*ich'bin gehend zu treffen der Sack*
Gute Nacht!	Ich gehe schlafen.

Sleep well!	**I'm going to take a nap.**
ßlejp wel	ojm gone tajke näp
schlaf gut	*ich'bin gehend zu nehmen ein Schlaf*
Schlaf gut!	Ich lege mich mal kurz hin.

Happy birthday!	Alles Gute z. Geburtstag!	häpej böösthdaj
Happy anniversary!	Alles Gute z. Jahrestag!	häpej änejvöößrej
Happy New Year!	Frohes Neues Jahr!	häpej njüü ji'e
Happy Easter!	Frohe Ostern!	häpej ejßte
Merry Christmas!	Fröhliche Weihnachten!	merej krißmeß

Bitte & Danke

Could you help me please.
küdje help mej plejs
könntest du helfen mir bitte
Könntest du mir bitte helfen?

Thank you.	**Thanks, mate!**	**Ta!**
thängkjüü	thängkß majt	taa
dank dir	*danke Kumpel*	*danke*
Danke.	Danke.	Danke.

Wenn Sie überaus dankbar sind, können Sie auch mit entsprechendem Nachdruck in der Stimme sagen: thanks heaps! thängkß hejpß, *wörtlich: danke Haufen = Vielen Dank!*

I'd like two schooners, thanks.
ojd lojk tüü ßküünes thängkß
ich'würde mögen zwei Gläser-Bier danke
Ich hätte gern zwei Bier bitte.

Yes / yep.	jeß / jep	Ja.
Alright.	ourojt	In Ordnung.
Okay.	öükaj	Okay.
No(pe). / Nah.	nöü(p) / naa	Nein.
I'm sorry.	ojm ßorej	Nein, leider nicht.
Can-do.	kän düü	Kann ich machen.
Maybe.	majbej	Vielleicht.
We'll see.	wejl ßej	Schauen wir mal.
I don't know.	oj döünöü	Weiß ich nicht.
I hope so.	oj höüp ßöü	Hoffentlich.

No worries!
nöü wörejs
keine Sorgen
Kein Problem!

She'll be right!
schejl bej rojt
sie'wird sein richtig
Das kommt in Ordnung!

Good on ya (mate)!
güdonje (majt)
gut auf du (Kumpel)
Super!

Oh, that's not too bad!
öü ~~dh~~ätß nod tüü bäd
oh das'ist nicht zu schlecht
Das ist nicht übel!

Hat man auf den letzten Drücker noch etwas geschafft, z. B. den Bus noch erwischt, sagt man phew fjüü *(Puh!).*

It's well worth the effort.
itß wel wöö~~th~~ ~~dh~~ii efet
es'ist wohl wert die Mühe
Es ist die Mühe wert.

You should give it a fair go.
jüü schüd givid e fe'e göü
du solltest geben es ein fair gehen
Du solltest es zumindest versuchen.

Super!

beaut(y)	bjüüd / bjüüdej	Super!
right	rojd	Genau!
too right	tüü rojd	Genau!
full-on	fülon	abgefahren
awesome	ooßem	Spitze!
brilliant	briljend	Klasse!
bloody oath	bladej öü~~th~~	Oh Mann!
fucking oath	faking öü~~th~~	Oh Mann!
bonzer	bonse	Super!
That's cool!	~~dh~~ätß küül	Das ist cool!
That's wicked!	~~dh~~ätß wiked	Klasse!

I reckon ...
oj reken
ich vermuten
Ich denke ...

What do you reckon, mate, ... ?
wod düüje reken majt
was tun du vermuten, Kumpel
Was meinst du, ... ?

I suppose we could go there.
oj ßepöüs wej küd göü ~~dh~~e'e
ich schätzen wir könnten gehen dort
Ich schätze, wir könnten dorthin fahren.

Not bad, ay?!
nod bäd oj
nicht schlecht, he
Nicht übel, oder?!

Fair enough.
fe'e inaf
fair genug
Verständlich!

Am Ende eines Satzes hängen die Australier gerne ein rhetorisches ay oj *an.*

That seems pretty dodgy to me.
~~dh~~äd ßejms pridej dodshej te mej
das scheint hübsch zweifelhaft zu mir
Das scheint mir nicht ganz okay zu sein.

Entschuldigung

Will man eine Frage stellen oder sein Weggehen entschuldigen, leitet man immer ein mit:

Excuse me, ...
ekßkjüüs mej
Entschuldigung / Entschuldige mich, ...

... I'll just have a smoke outside.
ojl dshaßt häve ßmöük ä'utßojd
ich'werde nur haben ein Rauch draußen
... ich werde draußen eine rauchen gehen.

Geht etwas daneben, sagt man ganz lautmalerisch oops üüpß.

Hat man jemanden angerempelt oder beleidigt, sagt man allerdings:

I'm sorry!
ojm ßorej
Es tut mir Leid.

Das erste Gespräch

Das erste Gespräch dreht sich auf allen Reisen eigentlich immer darum, woher man kommt.

Where're you from?	**Where're you heading?**
we'eje from	we'eje heding
wo'bist du von	*wo'bist du hingehend*
Woher kommst du?	Wohin gehst du?

Switzerland
ßwitßeländ
Schweiz

I'm from Germany.
ojm from dshöömenej
ich'bin aus Deutschland
Ich stamme aus Deutschland.

Austria
ooßtreje
Österreich

I want to go to Darwin and the Gold Coast.
oj wone göüte daawen en ~~dh~~e goud köüßt
ich will zu gehen zu Darwin und die Gold Coast
Ich will nach Darwin und zur Gold Coast.

How long do you think you'll be staying?
hä'u long djüü ~~th~~ingk jüül bej ßtajing
wie lang tun du denken du'wirst sein bleibend
Wie lange wirst du bleiben?

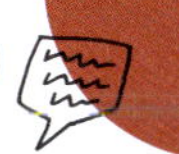

I plan to stay for three months.
oj plänte ßtaj fo'e threj manthß
ich plane zu bleiben für drei Monate
Ich habe vor, drei Monate zu bleiben.

I'm here on a working holiday visa.
ojm hi'e one wööking holedaj vejse
ich'bin hier auf ein arbeitend Ferien Visum
Ich bin hier mit einem Ferienarbeitsvisum.

Where do you / your parents live?
we'e düü jüü / je pärenß liv
wo tun du / deine Eltern leben
Wo lebst du / leben deine Eltern?

EG

Wichtige Hinweise

Die Hauptstadt ist das Australian Capital Territory (ACT) eßtrajljen käpedel teretrej (aj ßej tej) mit Canberra känbre. Die Staaten und ihre Hauptstädte sind:

Western Australia (WA)	weßten eßtrajlje (dabeljüü aj)	Perth pööth
Queensland (QLD)	kwejnsländ	Brisbane brisben
Northern Territory (NT)	noudhen teretrej (en tej)	Darwin daawen
South Australia (SA)	ßä'uth eßtrajlje (eß aj)	Adelaide ädelajd
New South Wales (NSW)	njüü ßä'uth wajls	Sydney ßidnej
Victoria (VIC)	viktorje	Melbourne melben
Tasmania (TAS)	täßmajnje	Hobart höübaat

What's the population of Australia?
wotß dhe popjülajschn ef eßtrajlje
was'ist die Einwohner von Australien
Wie viel Einwohner hat Australien?

Das erste Gespräch

Da es einfach viel zu viele Länder gibt, aus denen ein Australier stammen kann, finden Sie die Länder in der Wörterliste im letzten Teil des Buches.

What country do your parents originate from?
wod kantrej düüje pärenß oridshenajt from
was Land tun dein Eltern herkommen von
Wo kommen deine Eltern ursprünglich her?

My father is Dutch.
mej faa~~dh~~e is datsch
mein Vater ist niederländisch
Mein Vater ist Niederländer.

Do you still have rellies over there?
djüü ßtil häv relejs öüve ~~dh~~e'e
tun du noch haben Verwandte über dort
Hast du noch Verwandte dort?

I'm half Aboriginal.
ojm haaf äberidshenel
ich'bin halb Aboriginal
Ich bin halb Aboriginal.

Wenn ein nicht-englischstämmiger Australier von Engländern oder von Australiern mit britischem Akzent spricht, dann ist die Person ein pom pom *oder spricht / ist* pommy pomej.

Do you still have English citizenship?
djüü ßtil häv inggglisch ßitesenschip
tust du noch haben englisch Staatsbürgerschaft
Hast du noch die englische Staatsbürgerschaft?

Yes, I have dual citizenship.
jeß oj häv djüüel ßitesenschip
ja ich habe zweifach Staatsbürgerschaft
Ja, ich habe zwei Staatsbürgerschaften.

Do you have any brothers or sisters?
djüü häv enej bra~~dh~~es o'e ßißtes
tun du haben irgendein Brüder oder Schwestern
Hast du Geschwister?

Familie – family fämlej		
parent	pärend	Elternteil
mother / mum	madhe / mam	Mutter
father / dad	faadhe / däd	Vater
grandparent	gränpärent	Großelternteil
grandfather	gränfaadhe	Großvater
grandmother	gränmadhe	Großmutter
brother	bradhe	Bruder
sis(ter)	ßiß(te)	Schwester
twin	twin	Zwilling
aunt(ie) – uncle	aant(ej) – angkel	Tante – Onkel
niece – nephew	nejß – nefjüü	Nichte – Neffe
cousin	kasen	Cousin(e)

Zur näheren Beschreibung dienen:
elder elde *älter*
younger jangge *jünger*
step- ßtep- *Stief-*
-in-law -inlou *Schwieger-*

Are you married?
aaje märejd
bist du verheiratet
Bist du verheiratet?

I'm single.
ojm ßinggel
ich'bin single
Ich bin single.

engaged
engajdshd
verlobt

separated (from)
ßeperajded (from)
getrennt (von)

divorced
devoosd
geschieden

How long have you been going out?
hä'u long häv jüü bejn göüin ä'ud
wie lang hast du gewesen gehend aus
Wie lang seid ihr schon zusammen?

We just got together.
wej dshaßt god tegedhe
wir gerade bekommen zusammen
Wir sind gerade erst zusammen.

Do you have any kids / kiddies / children?
djüü häv enej kids / kidejs / tschildren
tun du haben irgendein Kinder
Haben Sie Kinder?

Das erste Gespräch

(best) friend
(beßt) frend
(beste/r) Freund(in)

relationship	relajschnschip	Beziehung
wife – husband	wojf – hasbend	Ehefrau – -mann
partner	paatne	Partner(in)
boy- / girlfriend	boj- / göölfrend	Freund/in
widow(er)	widöü(e)	Witwe(r)
daughter – son	doute – ßan	Tochter – Sohn
(grand)child	(grän)tschojd	(Enkel-)Kind

neighbour
najbe
Nachbar(in)

boss
boß
Chef

How did you meet?
hä'u didje mejt
wie tatet ihr treffen
Wie habt ihr euch kennen gelernt?

collegue
kolejg
Kollege (-in)

We met at a friend's party.
wej med äde frends paadej
wir trafen bei ein Freund'seiner Party
Wir haben uns auf der Party eines Freundes kennen gelernt.

EG

Bäckerei & Café

Ausbildung

In der Wörterliste im letzten Teil des Buches finden Sie viele Berufe und Fachgebiete.

What do you do for a living?
wod djüü düü fo'e e living
was tun du tun für ein lebend
Was machst du so beruflich?

I work in a pub.
oj wöök ine pab
ich arbeiten in ein Kneipe
Ich arbeite in einer Kneipe.

I'm on the dole.
ojm on ~~dh~~e döül
ich'bin auf das Arbeitslosengeld
Ich bin arbeitslos.

I'm a student.
ojm e ßtjüüdent
ich'bin ein Student
Ich bin Student.

What's the average salary in Australia?
wotß ~~dh~~ii ävridsh ßälerej in eßtrajlje
was'ist die Durchschnitt Gehalt in Australien
Wie hoch ist das Durchschnittsgehalt in Australien?

When do you knock off work today?
wen djüü nokof wöök tedaj
wann tun du klopfen ab Arbeit heute
Bis wann arbeitest du heute?

Here's my mobile phone number.
hi'es mej möübojl föün nambe
hier ist meine mobil Telefon Nummer
Hier ist meine Handynummer.

Das erste Gespräch

Just give me a ring.
dshaßt giv mej e ring
nur geben mir ein Klingeln
Ruf mich an!

I won't go to work.
oj wöünd göüde wöök
ich werde-n'icht gehen zu Arbeit.
Ich gehe heute nicht arbeiten.

I'll take a sickie.
ojl tajk e ßikej
ich'werde nehmen ein Krankheitstag
Ich bin heute krank geschrieben.

	Ausbildung – education edjüükajschn	
kindej / kindegaaden	**kindy / kindergarten**	Kindergarten
prep	**prep**	Vorbereitungsjahr auf die Grundshule
prajmrej ßküül	**primary school**	Grundschule
ßekendrej ßküül / hoj ßküül	**secondary school / high school**	höhere Schule
pablik ßküül	**public school**	öffentliche Schule
gavenment ßküül	**government school**	staatliche Schule
projvet ßküül	**private school**	Privatschule
jünej / jünevöößedej)	**uni(versity)**	Universität
tajf	**TAFE**	Erwachsenenbildung
kouß	**course**	Kurs, Fach
tjüüischn fej	**tuition fee**	Kursgebühr
hekß	**HECS**	Studiengeld
degrej – ßöötifeket	**degree – certificate**	Titel – Zertifikat
pejajtschdej – bätschele	**Ph.D. – bachelor**	Doktor – Bachelor
(eßöüßejet) deplöüme	**(associate) diploma**	Diplom

Which course did you do?
witsch kouß didje düü
welches Kurse tatest du tun
Was hast du studiert / gelernt?

I studied Chinese.
oj ßtadejd tschojnejs
ich studierte Chinesisch
Ich habe Chinesisch studiert.

EG

Schulklasse in Uniform

Politik

Möchten Sie die Gründe für den Ausgang des referendum referendem *(Referendums)* 1999 erfahren, fangen Sie am besten so an:

Why do you still have the Queen?
woj djüü ßtil häv dhe kwejn
warum tun du noch haben die Königin
Warum habt ihr noch die britische Königin?

Wouldn't you like to be a republic?
wüdnt jüü lojkte bej e repablik
würdest-n'icht du mögen zu sein eine Republik
Würdet ihr nicht gerne eine Republik sein?

Auf der australischen Flagge befindet sich der britische Union Jack jüünjen dshäk *in klein. Der siebenzackige Stern steht für die sechs Staaten plus NT, und die kleinen Sterne bilden das* southern cross ßadhen kroß *(Kreuz des Südens) das bekannteste Sternbild der Südhalbkugel.*

Das erste Gespräch

~~dh~~e komenwel~~th~~ of eßtrajlje	**the Commonwealth of Australia**	die Staatenföderation, gegründet 1901
gavenment	**government**	Regierung
projm minißte	**Prime Minister**	Premierminister
gavene dshenrel	**Governor-General**	einheim. Stellvertreter der britischen Königin
minißte	**minister**	Minister
paalement	**parliament**	Parlament
hä'ußef representetivs	**House of Representatives**	*(wie Bundestag)*
ßened	**Senate**	*(wie Bundesrat)*
paadej	**party**	Partei
elekschn	**election**	Wahl *(ist* compulsory kompalßerej – *ein Muss!)*

	Wirtschaft – economy ekonemej	
ägrekaltsche	**agriculture**	Landwirtschaft
kenßtrakschn	**construction**	Bauindustrie
därej faaming	**dairy farming**	Milchwirtschaft
fisching indeßtrej	**fishing industry**	Fischzucht
foreßtrej	**forestry**	Forstwirtschaft
lojvßtok indeßtrej	**livestock industry**	Viehzucht
mänjüfäkschering	**manufacturing**	verarbeitende Industrie
mojning	**mining**	Bergbau
ßööviß indeßtrej	**service industry**	Dienstleistung
türism	**tourism**	Tourismus
trajd – oj tej	**trade – IT**	Handel – IT
vitekaltsche	**viticulture**	Weinanbau

What are your main industries here?
wod aa je majn indeßtrejs hi'e
was sind dein Haupt Industrien hier
Was sind eure Hauptindustrien?

Zu Gast sein

Dreh- und Angelpunkt der meisten Einladungen ist das barbie baabej *(Barbecue)*.

Mit einem Smartphone können Sie sich die mit einem gekennzeichneten Sätze dieses Kapitels anhören. Scannen Sie einfach den QR-Code mit Hilfe einer kostenlosen App (z. B. „Barcoo" oder „Scanlife").

I'll have some friends over for a barbie.
ojl häv ßam frends öüve fo'e e baabej
ich'werde haben einige Freunde über für ein Grillen
Ich habe ein paar Freunde zum Grillen eingeladen.

It's BYO and bring a plate.
itß bej woj öü en bring e plajt
es'ist bring-deinen-eigenen und bringe ein Teller
Bring deine eigenen Getränke und Fleisch mit und einen Salat / Nachtisch für alle.

Should I bring anything else?
schüd oj bring enej~~th~~ing elß
sollte ich bringen irgendwas anderes
Soll ich sonst noch was mitbringen?

We'll get together for beers at my place.
wejl get tege~~dh~~e fo'e bi'es äd mej plajß
wir'werden bekommen zusammen für Biere bei mein Ort
Wir werden bei mir ein paar Bierchen trinken.

Howzat?
hä'usad
wie-ist-das
Wie steht's?

Can you (guys / two) come?
känje (gojs / tüü) kam
kannst du (Kerle / zwei) kommen
Kannst du (Könnt ihr) kommen?

Damit ein Barbecue für niemanden teuer wird und man ständig Parties feiern kann, bringt jeder meist sein eigenes Fleisch und alkoholische Getränke für sich selbst mit. Und weil keiner so viele Sitzgelegenheiten hat, bringt jeder auch seinen klappbaren Campingstuhl – deck chair dek tsche'e *– mit.*

Zu Gast sein

Geschenke oder Blumen bringt man in der Regel nicht mit, außer es ist jemandes Geburtstag.

Come in.
kam in
kommen in
Komm herein!

Welcome!
welkam
willkommen
Willkommen!

Where should I put this stuff?
we'e schüd oj püt ~~dh~~iß ßtaf
wo soll ich tun dies Zeug
Wo soll ich das Zeug abstellen?

Just put that in the fridge.
dshaßt püt ~~dh~~äd in ~~dh~~e fridsh
nur stecken das in der Kühlschrank
Das kannst du in den Kühlschrank tun.

Wenn die Party schon ein Weilchen im Gange ist, wird vielleicht carpet bowls kaaped böüls, *also ein Boule-Spiel im Haus auf dem Teppich gespielt.*

Just make yourself comfy.
dshaßt majk jeßelf kamfej
nur machen dich-selbst bequem
Mach's dir bequem.

What can I get you?
wod kän oj ged jüü
was kann ich bekommen dir
Was kann ich dir anbieten?

I'll help myself, thanks.
ojl help mojßelf ~~th~~ängkß
ich'werde helfen mir-selbst danke
Ich hol mir schon was, danke.

Let me show you around.
led mej schöü jüü erä'und
lass mich zeigen dich herum
Ich zeige dir mal das Haus.

This is the dining area.
~~dh~~ißis ~~dh~~e dojning äreje
dies ist die essend Raum
Das ist das Esszimmer.

family room	fämlej rüüm	Wohnzimmer
lounge area	lä'undsh äreje	Wohnzimmer
bedroom	bedrüüm	Schlafzimmer
bathroom	baa~~th~~rüüm	Badezimmer
toilet	tojlet	Toilette
kitchen	kitschn	Küche
upstairs	apßte'es	oben *(im Haus)*
downstairs	dä'unßte'es	unten *(im Haus)*
lounge chair	lä'undsh tsche'e	Sofa
table	tajbl	Tisch
chair	tsche'e	Stuhl
cupboard	kabed	Schrank
wardrobe	woodröüb	Kleiderschrank
fridge	fridsh	Kühlschrank
wine rack	wojn räk	Weinregal

Die meisten australischen Häuser sind maximal zweigeschossig und haben weder cellar ßele *(Keller) noch* attic ädik *(Dachboden).*

I really like your veranda.
aj rejlej lojk je ve'rände
ich wirklich mögen dein Veranda
Die Veranda ist wirklich sehr schön.

Alles dreht sich um Land- und Hausbesitz. Sie werden feststellen, dass in Australien auch junge Leute schon in ihrem eigenen house hä'uß *(Haus)*, duplex djüüplekß *(Zweiparteienhaus)* oder zumindest einer eigenen unit jüünit *(Apartment)* wohnen. Daher sind die Städte auch von ihrem Umfang her so groß.

Die alten Häuser haben wunderschöne cast-iron ornaments kaaßt ajen ounemenß, *d. h. gusseiserne Verzierungen an den Verandas.*

When did you buy this place?
wän did jüü boj ~~dh~~iß plajß
wann tatest du kaufen dies Ort
Wann hast du es gekauft?

It's a really nice block of land.
itß e rejlej nojß blokef länd
es'ist ein wirklich nett Block von Land
Es ist ein wirklich schönes Grundstück.

Did you fix this place up yourself?
did jüü fikß ~~dh~~iß plajß ap jeßelf
tatest du reparieren dies Ort auf dein-selbst
Hast du das alles selbst renoviert?

Let me show you the garden.
led mej schöü jüü ~~dh~~e gaaden
lass mich zeigen dir der Garten
Ich zeige dir jetzt mal den Garten.

Ein Haus im alten Darwin-Stil heißt Burnett house bööned hä'uß. *Es steht erhöht auf Pfosten und hat rund herum zu öffnende Fenster in Form von Blenden. In Queensland heißt ein ähnlicher Hausstil* Queenslander kwejnslände. *Diese Bauweise sorgte für die bestmögliche Ventilation in Zeiten ohne Elektrizität oder Klimaanlage.*

EG

Idyllisches Landleben

This is my best stallion / mare / foal.
dhißis mej beßt ßtäljen / me'e / föül
das ist mein bester Hengst / Stute / Fohlen
Das ist mein bester Hengst / Stute / Fohlen.

Do you race them?
djüü rajß dhem
tun du rennen sie
Nehmen sie an Pferderennen teil?

Kulinarische Genüsse

Die australische Küche ist heute eine herrliche kulinarische Fusion der altenglischen, italienischen, griechischen, libanesischen, asiatischen, deutschen Küche und vielem mehr.

pub / hotel	Hotel, Restaurant und Pub	pab / höütel
restaurant	Restaurant	reßtraant
food court	Etage im Einkaufszentrum mit vielen Fastfood-Anbietern	füüd koud
café – bistro	Café – Bistro	käfej – bißtröü
roadhouse	Raststätte (Tankstelle u. Bistro)	röüdhä'uß
bakery	Bäckerei	bajkerej
deli	Spezialitäten-Eckladen, Imbiss	delej
milk bar	Eckladen mit Imbiss in SA, WA	milk baa

smoke free zone
ßmöük frej söün
Rauch frei Zone
Nichtraucherzone

no smoking
nöü ßmöüking
kein rauchend
Rauchen verboten!

Kulinarische Genüsse

Mit einem Smartphone können Sie sich die mit einem ❡ gekennzeichneten Sätze dieses Kapitels anhören.

Are you hungry?
aa jüü hanggrej
bist du hungrig
Hast du Hunger?

Just a tad peckish.
dshaßt e täd pekisch
nur ein bisschen hungrig
Nur ein bisschen.

I'm starving.
ojm ßtaaving
ich'bin verhungernd
Ich bin super hungrig.

I wouldn't mind some tucker.
oj wüdnd mojnd ßam take
ich würde-n'icht ablehnen etwas Essbares
Ich könnte etwas zu essen vertragen.

Mahlzeiten – meals mejls

brekej / brekfeßt	**brekkie / breakfast**	Frühstück
mouning tej	**morning tea**	Gebäck mit Tee / Kaffee am Vormittag
kat lansch	**cut lunch**	selbstgemachte Brote
lansch	**lunch**	Mittagessen
aaftenüün tej	**afternoon tea**	Gebäck mit Tee / Kaffee am Nachmittag
ßape	**supper**	Abendessen
tej	**tea**	warmes Abendessen
dine	**dinner**	Abendessen (auswärts)

In den meisten Cafés, aber auch in Restaurants hängt ein Schild in Nähe der Kasse please order and pay at counter *(bitte bestellen und bezahlen Sie am Tresen)*. Im traditionellen Pub oder Hotel nennt sich das dann auch countery

(Tresenmahlzeit), wird aber in einem von der Bar getrennten Raum, dem dining room *(Speisesaal)* serviert. Man bringt Ihnen dann das Bestellte an den Tisch, oder es wird eine Nummer zum Abholen aufgerufen.

menu	menjüü	Speisekarte
course	kouß	Gang
entree	õträäj	Vorspeise
main (course)	majn (kouß)	Hauptgericht
dessert	desööt	Nachspeise
smoothie	ßmüü~~dh~~ej	Süßspeise

Dine-in or takeaway?
dojn in o'e tajkewaj
dinieren-in oder nehmen-weg
Zum Hieressen oder zum Mitnehmen?

Takeaway, please.
tajkewaj plejs
nehmen-weg bitte
Zum Mitnehmen, bitte.

Anything to drink?
enej~~th~~ing te dringk
irgendwas zu trinken
Und zu trinken?

Bedient man im Restaurant am Tisch, nennt sich das table service tajbl ßööviß *oder* sitdown meal ßitdä'un mejl.

EG

Bel(i)ebte Fußgängerzone in Hobart

Zu Hause essen die Australier eher toast töüßt *(Toastbrot)* mit etwas drauf oder cereals ßerejels *(Frühstücksgetreideflocken)*. Der gestresste Städter kauft sich oft nur schnell ein belegtes sandwich ßänwitsch.

bajken en egs	**bacon & eggs**	Rührei und Speck
ßkrämbeld egs	**scrambled eggs**	Rührei
bojld eg	**boiled egg**	gekochtes Ei
pöütscht eg	**poached egg**	pochiertes Ei
frojd eg	**fried egg**	Spiegelei
omlet	**omelette**	Omelett mit filling

Das Toastbrot kommt immer ungeröstet, außer man hat ausdrücklich toasted töüßted bestellt und extra bezahlt. Es ist zumeist white wojt *(weiß)*, oder aber auch multigrain maldejgrajn *(Mehrkorn)* oder wholemeal höülmejl *(Vollkorn)*.

töüßt	**toast**	Toastbrot
röül	**roll**	längliches Brötchen
bäget	**baguette**	Baguette(brötchen), *französisch*
fekaatsche	**focaccia**	Brot mit Oregano, *italienisch*
lepejnje	**lepinja**	Fladen mit Kräutern, *serbisch*
krwaßã	**croissant**	Croissant, *französisch*
räp	**wrap**	Weizentortilla, *amerikanisch*
räjsen töüßt	**raisin toast**	Rosinenbrotscheibe
do'eßtop	**doorstop**	belegtes Brötchen
krampet	**garlic bread**	Knoblauchbrot
mafin	**muffin**	Hefeküchlein, *amerikanisch*
pite bred	**pita bread**	Weißbrottasche, *griechisch*
bajgel	**bagel**	Brötchen mit Loch, *jüdisch*
dämpe	**damper**	Brot aus Mehl, Salz u. Wasser, in Kohle gebacken, *aboriginal*

Also womit können Sie das Brot Ihrer Wahl nun belegen lassen? Sie müssen im Detail sagen, was Sie haben wollen, oder nennen nur eine Fleischzutat with the lot wi~~dh~~ ~~dh~~e lod *(mit allem)*. Wollen Sie wirklich nichts drauf, nennt sich das plain plajn *(einfach)*.

A steak sandwich with the lot, please.
e ßtajk ßänwitsch wi~~dh~~ ~~dh~~e lod plejs
ein Steak Sandwich mit der alles bitte
Ein Steak-Sandwich mit allem, bitte.

I'd like a focaccia with ... , thanks.
ojd lojk e fekaatsche wi~~dh~~ ... ~~th~~ängkß
ich'würde mögen ein Focaccia mit ... danke
Ich hätte gern ein Focaccia mit ... , bitte.

avocado	aavekaadöü	Avokado
bacon	bajken	Speck
beetroot	bejtrüüt	Rote Bete
cheese	tschejs	Käse
egg	eg	Ei
ham	häm	Schinken
onion	onjen	Zwiebel
roast beef	röüßt bejf	Rinderbraten
chicken	tschiken	Hähnchen
roast lamb	röüßt läm	Lammbraten
salami	ßelaamej	Salami
salmon	ßämen	(Räucher-)Lachs
turkey	töökej	Putenfleisch
steak	ßtajk	Steak
tomato	temaadöü	Tomate
tuna	tjüüne	Thunfisch

Ein steak sandwich with the lot *ist ein gebratenes Steak, Salatblätter, Rote Beete, Rührei, gebratener Speck, Ketchup, und in NT auch ein Stück Ananas. Herrlich!*

Der Australier isst mit Vorliebe Vegemite on toast vedshemojt on töüßt *(Hefepaste auf Toastbrot). Es ist Geschmackssache, aber voller Vitamin B, was gegen einen Kater hilft.*

bade - maadsherejn	**butter - margarine**	Butter - Margarine
dshäm - maßted	**jam - mustard**	Marmelade - Senf
hümeß	**hummus**	Kichererbsenpüree
majenajs	**mayonnaise**	Mayonnaise
ßwejt tschilej ßöüß	**sweet chilli sauce**	süß-scharfe Chilisoße
temaadöü ßöüß	**tomato sauce**	Ketchup

Anything else?
enej~~th~~ing elß
irgendwas anderes
Noch etwas?

Zu Servierbechern sagt man im Restaurant bowl, *aber in Imbissstuben* cup.

A bowl of wedges with sour cream, please.
e böülef wedshes wi~~dh~~ ßä'ue krejm plejs
eine Schale von Keile mit saure Sahne bitte
Eine Portion Pommes mit saurer Sahne, bitte.

Pommes gibt es entweder pur oder mit chickensalt tschiknßout *(Salz mit Hähnchenaroma), aber nie mit Mayonnaise oder Ketchup dazu.*

$4 worth of / minimum chips, please.
fo'e doles wöö~~th~~ef / minemem tschipß plejs
Dollar-vier wert von / Minimum Fritten bitte
Für $4 / Eine kleine Portion Pommes, bitte.

hamburger	hämbööge	Hamburger
steak burger	ßtajk bööge	mit Steak
barra burger	bäre bööge	mit Fisch
vege burger	vedshej bööge	vegetarisch
pie	poj	Kuchen, süß
pastie	paaßtej	Kuchen, herzhaft

Ein pie floater poj flöüde *ist ein Hackfleischkuchen in Erbsensuppe (gibt es nur in SA).*

I'd like fish and chips, thanks.
ojd lojk fisch en tschipß ~~th~~ängkß
ich'würde mögen Fisch und Pommes danke
Ich nehme Fisch und Pommes, bitte.

Beim Fisch in fish & chips handelt es sich im Norden meist um den Süßwasserfisch barra(mundi) bäre(mandej), und im Süden wird flake flajk *(Haifisch oder Rochen)* verwendet.

Unter den Krustentieren hat Australien flache Krebse zu bieten, einmal die Moreton bay bugs mouten baj bags, die in Meeresbuchten vorkommen, und die Süßwasservariante yabbies jabejs. Größere Geschwister sind crayfish krajfisch und der heißbegehrte Hummer (rock lobster rok lobßte). Sie gehören wie auch oysters ojßtes *(Austern)* zu den teuren Exportprodukten. Außerdem gibt es prawns prouns *(große Garnelen)*.

Eine eher künstliche Angelegenheit sind fishcake fischkajk, *kleine Küchlein aus gepressten Fischfleischresten, oder das pink gefärbte* crabmeat kräbmejt *(Krabbenfleisch)*.

I'd like a dozen oysters as an entree, please.
ojd lojk e dasen ojßtes äs en õträäj plejs
ich'würde mögen ein Dutzend Austern als eine Vorspeise bitte
Ich hätte gern ein Dutzend Austern als Vorspeise.

As a main I'd like the crocodile cutlets / tail.
äs e majn ojd lojk ~~dh~~e krokedojl katletß / tajl
als ein Haupt- ich'würde mögen die Krokodil Koteletts / Schwanz
Als Hauptgericht nehme ich die Krokodil Koteletts / den Krokodilschwanz.

Wenn Sie eine Meerestierplatte bestellen, sind auch Tintenfischringe dabei: squid ßkwid *oder* calamari kaalemaarej.

I'd like a seafood / fisherman's basket.
ojd lojk e ßejfüüd / fischemäns baaßket
ich'würde mögen ein Meerestier / Fischer'sein Korb
Ich hätte gern die Meerestier- / Fischplatte.

In einer scharfen combination laksa *sind Kokosmilch, Hühner- und Rindfleisch, Tintenfisch, Gemüse und Krabben.*

... the combination laksa / surf 'n' turf.
~~dhe~~ kombenajschn laakße / ßöófen tööf
die Kombination Laksa / Brandung und Torf
... die Laksa mit allem / Steak mit Krabben.

Fleisch – meat mejt

beef steak	bejf ßtajk	Beefsteak
T-bone steak	tej böün ßtajk	T-Bone-Steak
porterhouse	poodehä'uß	dickes T-Bone
(scotch) fillet	(ßkotsch) filet	Filet
rump steak	ramp ßtajk	Rumpsteak
beef stew	bejf ßtjüü	Rindergulasch

How would you like your steak?
hä'u wüd je lojk je ßtajk
wie würdest du mögen dein Steak
Wie möchten Sie Ihr Steak?

Als Soßen gibt es allen voran Diane sauce dojän ßöüß *(braune Steaksoße),* pepper sauce pepe ßöüß *(Pfeffersoße),* mushroom sauce maschrüüm ßöüß *(Pilzsoße),* garlic sauce gaalik ßöüß *(Knoblauchsoße) oder* gravy grajvej *(Bratensaft).*

rare / blue	re'e / blüü	blutig
medium rare	mejdjem re'e	mittel-blutig
medium	mejdjem	mittel, medium
well-done	weldan	durchgebraten

Beim Barbecue gibt es auch immer snags ßnägs *(Würstchen).* Apropos, bangers and mash bänges en mäsch *(Würstchen mit Kartoffelpüree)* gehören zu den Standardgerichten. fritz fritß oder devon deven heißen luftgetrocknete Würste, die kalt gegessen werden. Die letzte Wurst ist schließlich der aus Amerika stammende hot dog hot dog. Und eine Frikadelle ist eine rissole risöül aus mincemeat minßmejt *(Gehacktem).*

Could I have some pepper / salt, please?
küd oj häv ßam pepe / ßout plejs
könnte ich haben einige Pfeffer / Salz bitte
Kann ich bitte etwas Pfeffer / Salz haben?

How is your meat? It's beautifully tender!
hä'u is je mejt itß bjüüdefelej tende
wie ist dein Fleisch es'ist wunderschön zart
Wie ist dein Fleisch?Es ist wunderbar zart!

It's underdone / overcooked.
itß andedan / öüvekükt
es'ist unter-gemacht / über-gekocht
Es ist nicht richtig gekocht / verkocht.

veal Kalb, z. B. als veal parma / parmesano vejl paame / paameshaanöü – mit einer Lage Tomatenpaste und Parmesankäse belegt	vejl
lamb Lammfleisch, entweder als roast röüßt *(Braten),* rack of lamb räkef läm *(Rippchen)* oder yiros jejroß *(Gyrosfleisch)*	läm
chicken Hähnchen, entweder als roast röüßt *(Braten),* wings wings *(Flügel),* drumsticks dramßtikß *Unterschenkel),* legs legs *(Schenkel)* oder satay sticks ßatääj ßtikß *(Spieße in Erdnusssoße)*	tschiken
pork Schweinefleisch. Nicht so beliebt, weil es intensiv nach Schwein riecht und schmeckt.	pouk
(kanga)roo Känguru (rotes Fleisch zwischen Wild und Rind, leicht blutig ist es am besten)	(kängge)rüü
emu Emu, ebenfalls rotes Fleisch, besonders als Carpaccio geschätzt	ejmjüü
duck Ente, vor allem vom Chinesen	dak

Is everything okay?
is evrej~~th~~ing öükaj
ist alle-Dinge okay
Ist alles in Ordnung?

Could I have a fork, please?
küd oj häv e fouk plejs
könnte ich haben eine Gabel bitte
Könnte ich bitte eine Gabel bekommen?

knife – fork	nojf - fouk	Messer – Gabel
spoon	ßpüün	Löffel
chopsticks	tschopßtikß	Essstäbchen
serviette	ßöövjed	Serviette
plate – bowl	plajt - böül	Teller – Schale

Gemüse – vegies vedshejs

Wer die Gemüsesorten namentlich braucht, findet sie in der Wörterliste im letzten Teil des Buches.

Would you like salad or veggies?
wüd jüü lojk ßäled o'e vedshejs
würden du mögen Salat oder Gemüse
Möchten Sie Salat oder Gemüse dazu?

What does the surf 'n' turf come with, please?
wod das ~~dh~~e ßööfen tööf kam wi~~dh~~ plejs
was tut der Brandung und Rasen kommen mit bitte
Was gibt es als Beilage zum Steak-und-Krabben?

Could I have a green salad instead, please?
küd oj häv e grejn ßäled inßted plejs
könnte ich haben ein grün Salat stattdessen bitte
Könnte ich statt dessen einen grünen Salat bekommen?

boiled potatoes	gekochte Kartoffeln	bojld petajdöüs
baked potato	Folienkartoffel	bajkd petajdöü
spuds / chats	kleine Kartoffeln	ßpads / tschätß
potato fritters / hash browns	Reibekuchen, Rösti	petajdöü frides / häsch brä'uns
scallops	Rösti (NSW, QLD)	ßkälepß
mash	Kartoffelpüree	mäsch
kumara / sweet potato	Süßkartoffel	küümere / ßwejt petajdöü
corn jack	Maiskrokette	koun dshäk
spring roll	Frühlingsrolle	ßpring röül
chiko roll	große Frühlingsrolle	tschejköü röül
Greek salad	griechischer Salat	grejk ßäled
Caesar's salad	Caesar-Salat	ßejses ßäled

How is / was your meal?
hä'u is / wos je mejl
wie ist / war dein Mahlzeit
Wie ist / war dein Gericht?

A bit too spicy / bland / hot / salty / sweet.
e bit tüü ßpojßej / bländ / hot / ßoudej / ßwejt
ein bisschen zu scharf / fad / heiß / salzig / süß
Ein wenig zu scharf / fad / heiß / salzig / süß.

Very nice, thank you.
verej nojß ~~th~~ängkjüü
sehr nett danke dir
Sehr gut, danke.

I'd like to pay, please.
ojd lojkte paj plejs
ich'würde mögen zu zahlen bitte
Ich würde gern zahlen.

Wenn Ihr australischer Bekannter einfach alles für Sie gezahlt hat, zahlen Sie am besten bei nächsten Mal und sagen:

I owe you lunch.
oj öü jüü lansch
ich schulden dir Mittagessen
Jetzt schulde ich dir ein Mittagessen.

I'll get it next time.
ojl gedid nekß tojm
ich bekommen es nächte Zeit
Das nächste Mal zahle ich.

EG

Supermarkt

Süßes – sweet stuff ßwejt ßtaf

Wenn Sie ein Fan von smoothies ßmüüdhejs *(Süßspeisen)* oder ice-cream ojßkrejm *(Eiskrem)* sind, sollten Sie unbedingt den Geschmack macadamia mäkedajmeja *(Macadamnuss)* probieren, denn die kommt ursprünglich aus Australien.

apple – apricot	Apfel – Aprikose	äpel – äpreket
banana – blackcurrant	Banane – Johanisbeere	benaane – bläk karend
cherry – kiwifruit	Kirsche – Kiwi	tscherej – kejwejfrüüt
honeydew melon	Honigmelone	hanejdjüü melen
lemon – mango	Zitrone – Mango	lemen – mänggöü
mandarine – orange	Mandarine – Orange	mänderejn – orensh
passionfruit	Passionsfrucht	päschnfrüüt
paw paw – peach	Papaya – Pfirsich	poupou – pejtsch
pear – pineapple	Birne – Ananas	pe'e – pojnäpl
plum – strawberry	Pflaume – Erdbeere	plam – ßtroubrej
rock melon	Honigmelone	rok melen
watermelon	Wassermelone	woudemelen

I'd like two scoops of peach, please.
ojd lojk tüü ßküüpßef pejtsch plejs
ich'würde mögen zwei Kugeln von Pfirsich bitte
Ich hätte gern zwei Kugeln Pfirsich bitte.

cup kap *Becher*
cone köün *Hörnchen*

... a milkshake / thickshake with mango, thanks.
e milkschajk / ~~th~~ikschajk wi~~dh~~ mänggöü ~~th~~ängkß
ein Milchshake / dick-Shake mit Mango danke
... einen Mango-Milchshake (mit mehr Eis), bitte.

Andere süße Sachen sind cake kajk *(Kuchen)*, tart taat *(Torte)*, bickie bikej *(Kekse)* und scone ßkon, ein Gebäck, das man mit cream krejm *(Sahne)* und jam dshäm *(Marmelade)* isst. Ein typisch australischer Nachtisch aus Baiser und Früchten ist Pav(lova) päv(löüve). Schokolade nennt man chocolate tschoklet bzw. chockie tschokej, aber chocolates sind Pralinen. Andere Süßigkeiten nennt man lollies lolejs oder sweets ßwejtß. Ein Kaugummi ist ein chewie tschüüej.

Kaffee, Bier, Wein & Co.

In der Mittagspause besorgen sich Büroangestellte schnell eine Kaffeedosis:

Aussprache	Englisch	Deutsch
(kaafäj) laatäj	**(caffe) latte**	aufgeschäumte Milch mit Espresso im Glas (1:1)
käp(etschejnöü)	**capp(uccino)**	Cappuccino
magetschejnöü	**muggaccino**	Cappuccino in Großtasse
flät wojt	**flat white**	aufgeschäumte Milch mit Espresso in Tasse (3:1)
schout bläk	**short black**	kleiner starker Espresso
long bläk	**long black**	großer Espresso
mäkiaatöü	**macchiato**	Espresso mit etwas Milch
dabl eßpreßöü	**double espresso**	doppelter Espresso
vejene kofej	**vienna coffee**	Kaffee mit Sahnehaube
wojt kofej	**white coffee**	Kaffee mit Milch
möüke	**mocha**	Mocca
dejkäf	**decaf**	entkoffeinierter Kaffee
ßoj(e) kofej	**soy(a) coffee**	Kaffee mit Sojamilch
ojßd kofej	**iced coffee**	Eiskaffee
plandshe kofej	**plunger coffee**	aufgebrühter Kaffee

One latte to go, thanks.
wan laatäj tegöü thängkß
ein Latte-Kaffee zu gehen danke
Einen Café-Latte zum Mitnehmen, bitte.

Small, medium or large?
ßmoul mejdjem o'e laadsh
klein mittel oder groß
Klein, mittel oder groß?

tea/cuppa	Tee / Tasse Tee	tej / kape
hot chocolate	heiße Schokolade	hot tschoklet
water	Wasser	woude
juice – OJ	Saft – Orangensaft	dshüüß – öü dshäj
soft drink	Limonade	ßoft dringk
lemonade	Limonade *(nur aus Zitrone!)*	lemenajd
diet coke	Cola light	dojet köük
cordial	Sirupgetränk	koudejel
spider	Limonade mit Eiscreme	ßpojde
cider	Apfelcidre	ßojde
milo	eine Art Kakao *(Marke)*	mojlöü

I'd like a cuppa, please.
ojd lojk e kape plejs
ich'würde mögen ein Tasse-Tee bitte
Ich hätte gerne eine Tasse Tee.

cup – mug	kap – mag	Tasse – große Tasse
jug	dshag	Glaskanne
pot	pot	Kanne *(für Heißes)*
pitcher	pitsche	Glaskanne *(für Bier)*
glass – bottle	glaaß – bodl	Glas – Flasche

Let's go for a pub crawl!
letß göü fo'e e pab kroul
lass'uns gehen für eine Kneipe kriechen
Lass uns eine Kneipentour machen!

Alkohol (grog grog) *ausschenken dürfen nur* fully licensed fülej lojßenßd *(voll lizensierte)* pubs pabs *und* bars baas.

bundy	bandej	Queensland-Rum
mixed drink	mikßt dringk	Cocktail
spirits	ßpiritß	Spirituosen
liqueur	lekjüüe	Likör
whiskey	wißkej	Whisky

Bier – beer bi'e

laage	**lager** Helles Bier im würzigen Pilsstil, dark lager daak laage ist dunkel und schwer
ajl	**ale** Obergäriges, kann bitter und würzig (bitter bide *bitter*, old öüd *alt*) sein. Ein pale ale pajl ajl *(blasses Ale)* ist hell und malzig.
ßtä'ut / poude	**stout / porter** Schweres, fast schwarzes Bier
wejt bi'e	**wheat beer** Weizenbier, mit Zitrone serviert
lojt bi'e	**light beer** Alkoholreduziertes Bier, kann midstrength midßtrength *(mittelstark)* 3,5 % sein!
schändej	**shandy** Bier mit Limo oder Ingwerbier
dshindshe bi'e	**ginger beer** Ingwerbier, alkoholfrei
höümbrüü	**homebrew** Selbstgebrautes Bier

Ein Glas Bier hat je nach Bundesstaat unterschiedliche Namen. Die Zahlen beziehen sich auf die alte Maßeinheit ounces ä'unßes.

	S	M	L	XL
QLD	**glass** glaaß	**pot** pot	**schooner** ßküüne	–
NT	**six** ßikß	**seven** ßeven	**handle** händl	–
NSW, ACT	**seven** ßeven	**middy** midej	**schooner** ßküüne	**pint** pojnt
VIC	**glass** glaaß	**pot** pot	–	–
WA	**bobby / glass** bobej / glaaß	**middy** midej	**pot / ten** pot / ten	–
SA	**butcher** bütsche	**schooner** ßküüne	**pint / kite** pojnt / kojt	–
TAS	**six** ßikß	**eight** ajt	**ten** ten	**twenty** twenej

Bierflaschen kommen als stubbie ßtabej (375 ml), und größere (750 ml) heißen longneck longnek, largie laadshej, tallie toolej oder in WA king-brown kingbrä'un. Im drive-thru drojv thrüü *(Drive-in)* kann man sich den carton kaaten *(Karton Bier)* oder einen slab ßläb *(verschweißte Packung)* gleich ins Auto laden lassen. Für eine Party holt man sich dann gleich ein keg keg *(Fass)*.

AT

Bottle Shop Drive-Thru

I'm getting quite pissed.
ojm geding kwojt pißt
ich'bin bekommend recht bepisst
Ich bin ziemlich besoffen.

It's my shout.
itß mej schä'ut
es'ist mein Ruf
Diese Runde geht auf mich.

Another beer?
enadhe bi'e
ein-anderes Bier
Noch ein Bier?

Can I have a stubbie-holder, please?
kän oj häve ßtabej höülde plejs
kann ich haben ein Stummel-Halter bitte
Kann ich bitte einen Bierkühler haben?

Zum Kühlhalten wird das Bier bei warmem Wetter in einen stubbie-holder ßtabej höülde *(Bierflaschenhalter) aus Neopren oder Styropor gesteckt.*

Hört man den Ruf last round laaßt rä'und *(letzte Runde), ist die Nacht in dieser Kneipe fast vorbei.*

What's on tap / draught?
wotß on täp / draaft
was'ist auf Zapfhahn
Was habt ihr vom Fass?

Four schooners of Cooper's Pale, thanks.
fo'e ßküünesef küüpes pajl thängkß
vier mittlere-Gläser von Cooper's Pale danke
Vier Gläser Cooper's Pale bitte.

Wein – wine wojn

Australien produziert die komplette Bandbreite: white wine wojt wojn *(Weißwein)*, red wine red wojn *(Rotwein)*, sparkling white ßpaakling wojt *(Sekt)*, sparkling red ßpaakling red *(roten Sekt)*, fortified wine foudefojd wojn *(Dessertwein)*, port pout *(Portwein)*. Kaufen Sie bei einer winery wojnerej *(Weingut)* an der cellar door ßele do'e *(Kellertür)*.

EG

Weinprobe

I'd like to go wine tasting.
ojd lojk tegöü wojn tajßting
ich'würde mögen zu gehen Wein schmeckend
Ich würde gerne zu einer Weinprobe gehen.

Can I see the wine list, please?
kän oj ßej dhe wojnlißt plejs
kann ich sehen die Weinliste bitte
Kann ich bitte die Weinliste sehen?

Which grape varieties are in this wine?
witsch grajp verojedejs aa in dhiß wojn
welche Traube Varianten sind in dies Wein
Welche Rebsorten sind in diesem Wein?

Die Rebsorten Australiens sind: Semillon ßämijõ, Chardonnay schaadonääj, Pinot Noir pejnöü nwaa, Shiraz schejrääs, Cabernet Sauvignon käbenääj ßouvinjõ *(oder* Cab Sav käb ßäv*)*, Riesling rejßling, Grenache grenaasch, Merlot möölöü.

We'd like to taste the '98 Shiraz.
wejd lojkte tajßt dhe nojtejajt schejrääs
wir'würden mögen zu probieren der '98 Shiraz
Wir möchten den 98er Shiraz probieren.

Who wants to taste?
hüü wontßte tajßt
wer will zu schmecken
Wer möchte (den Wein) probieren?

Haben Sie Alkohol in ein BYO restaurant bej woj öü reßtraant *(Bring-dein-Eigenes-Restaurant)* mitgebracht, heißt es:

Corkage: $3.50 per bottle.
koukedsh threj doles fiftej pöö bodl
Entkorkung drei Dollars fünfzig pro Flasche
Entkorkungsgebühr: 3,50 Dollar.

Shopping

GST = goods and services tax

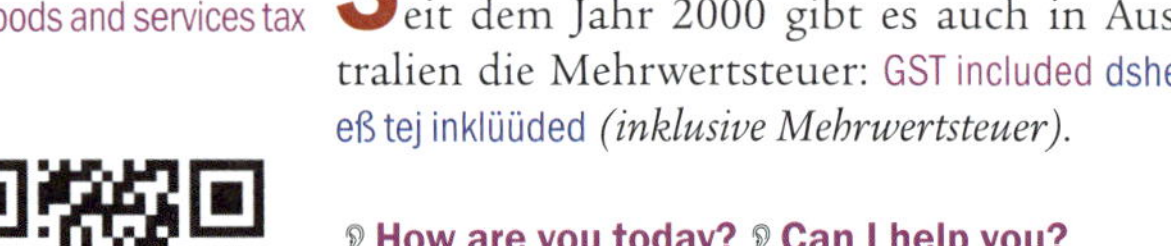

Seit dem Jahr 2000 gibt es auch in Australien die Mehrwertsteuer: GST included dshej eß tej inklüüded *(inklusive Mehrwertsteuer)*.

Mit einem Smartphone können Sie sich die mit einem gekennzeichneten Sätze dieses Kapitels anhören.

How are you today?
hä'uaa jüü tedäj
wie bist du heute
Wie geht's?

Can I help you?
kän oj help jüü
kann ich helfen dir
Kann ich Ihnen helfen?

Thanks. I'm just browsing.
thängkß ojm dshaßt brä'using
danke ich'bin nur stöbernd
Danke, ich will mich nur mal umschauen.

schop	**shop**	Geschäft
njüüsajdshenßej	**newsagency**	Zeitschriftenkiosk
frúüten vedsh	**fruit and veg**	Obst- & Gemüseladen
moul	**mall**	Einkaufszentrum
bodl schop	**bottle shop**	Alkoholladen
like ßto'e	**liquor store**	Alkoholladen
kenvejnjenß ßto'e	**convenience store**	24-Std.-Supermarkt
ßüüpemaaket	**supermarket**	Supermarkt
bajke(rej)	**baker(y)**	Bäckerei
bütsche	**butcher**	Metzger(abteilung)
maaket	**market**	Markt
depaatment ßto'e	**department store**	Kaufhaus
schoping ßende	**shopping centre**	Einkaufszentrum

Die Angabe von Öffnungszeiten ist zuweilen recht kreativ: opening hours: Monday: 7am until 10

pm, Friday: 7 am until late. Das heißt, dass der Laden eventuell länger als 10 Uhr geöffnet hat, wenn denn noch Kunden kommen.

open (daily)	(täglich) geöffnet	öüpen (dajlej)
closed	geschlossen	klöüsd
weekdays – weekend	Wochentage – -ende	wejkdajs – wejkend
sales	Ausverkauf	ßajls
all stock must go	totaler Ausverkauf	oul ßtok maßt göü
discount	Preisnachlass	dißkä'unt
sold out	ausverkauft	ßöüld ä'ut

I'll take two lots of these bickies, thanks.
ojl tajk tüü lotßef ~~dh~~ejs bikejs ~~th~~ängkß
ich'werde nehmen zwei Mengen von diese Kekse danke
Ich nehme zwei Mal diese Kekse, bitte.

I'd like this pair of thongs, please.
ojd lojk ~~dh~~iß peref ~~th~~ongs plejs
ich'würde mögen dies Paar von Badelatschen bitte
Ich hätte gern dieses Paar Badelatschen.

Do you have any Driza-bone coats?
djüü häv enej drojseböün köütß
tun du haben irgendein Driza-bone Mäntel
Haben Sie Driza-bone-Mäntel?

Driza-bone *ist eine Marke für wasserdichte Wachsbeschichtungen, besonders für die traditionellen Lederhüte und -mäntel.*

Kleidung – clothes klöü~~dh~~s

Wer geht nicht gerne clobber klobe oder neues gear gi'e kaufen? Die Badehose wird in NSW cozzie kosej genannt, in QLD und VIC swimmers

Shopping

Am berühmtesten ist der Outback-Hut, der Akubra ekübraa *– eine australische Hutmarke.*

ßwimes oder togs togs, in SA, TAS, WA und NT aber bathers bajdhes. Ein Paar coole Surfshorts sind boardies boudejs. Die uncoolen engen, kurzen Badehosen werden nach der Marke speedos ßpejdöüs genannt. Die Mädels tragen hingegen alle einen bikini bekejnej, Badeanzüge sieht man seltener.

Hosen heißen daks däkß oder pants päntß, die kurzen shorts schoutß, Sporthosen trackie daks träkej däkß, formelle Hosen slacks ßläkß oder trousers trä'uses, und Jeans bleiben jeans dshejns. Unterhosen heißen für Männer und Frauen allgemein undies andejs, spezifisch für Männer sind es jocks dshokß, briefs brejfß oder shorts schoutß. Für Mädels sind es knickers nikes, panties pändejs oder ein G-string dschej ßtring. Das Unterhemd heißt singlet ßingglet, und der BH bra braa.

Aussprache	Englisch	Deutsch
top – schööt	**top – shirt**	ärmelloses Shirt – Hemd
tej schööt – flänej	**T-shirt – flannie**	T-Shirt – Flanellhemd
dshampe	**jumper**	Pullover
kaadegen	**cardigan**	Strickjacke
dreß	**dress**	Kleid
ßkööt	**skirt**	Rock
(rajn) kööt – dshäket	**(rain)coat – jacket**	(Regen-)Mantel – Jacke
windschejde	**windcheater**	Windjacke
dine ßüüt	**dinner suit**	Anzug *(formell)*
belt – schüüs	**belt – shoes**	Gürtel – Schuhe
bütß – thongs	**boots – thongs**	Stiefel – Badelatschen
ßändels – dshoges	**sandals – joggers**	Sandalen – Turnschuhe
ag bütß / agejs	**ugg boots / uggies**	Schafsfellschuhe
ßtokings – ßokß	**stockings – socks**	Strumpfhose – Socken
häd – bejnej	**hat – beanie**	Kappe / Hut – Wollmütze

What kind of material is this?
wod kajndef mätejriel is ~~dh~~iß
was Art von Material ist dies
Aus welchem Material ist das?

cotton – silk	koten – ßilk	Baumwolle – Seide
linen – leather	linen – le~~dh~~e	Leinen – Leder
wool (woollen)	wül (wülen)	Wolle (aus Wolle)

Excuse me, which size is this?
ekßküüs mej witsch ßojs is ~~dh~~iß
entschuldigen mich welche Größe ist das
Entschuldigen Sie bitte, welche Größe ist das?

I'm size 38 in Germany.
ojm ßojs ~~th~~öötej ajt in dshöömenej
ich'bin Größe 38 in Deutschland
Ich trage Größe 38 in Deutschland.

big – small	big – ßmoul	groß – klein
tight – loose	tojt – lüüß	eng – locker
thin – thick	~~th~~in – ~~th~~ik	dünn – dick
long – short	long – schout	lang – kurz

Sorry, this one is a tad too tight.
ßorej ~~dh~~iß wan is e täd tüü tojt
Enschludigung dies eins ist ein bisschen zu eng
Dies ist leider ein bisschen zu eng.

Do you have any larger / smaller ones?
djüü häv enej laadshe / ßmoule wans
tun du haben irgendein größer / kleiner eine-welche
Haben Sie auch größere / kleinere?

S = small
ßmoul
klein

M = medium
mejdjem
mittel

L = large
laadsh
groß

XL = extra large
ekßtre laadsh
sehr groß

How is that?	**Lovely!**	**It doesn't fit.**
hä'u is dhäd	lavlej	id dasnd fid
wie-ist-das	*lieblich*	*es tut-n'icht passen*
Und, wie ist es?	Schön!	Es passt nicht.

It's perfect!	**I'll take this one / these.**
itß pööfekt	ojl tajk dhiß wan / dhejs
es'ist perfekt	*ich'werde nehmen dies eins / diese*
Es ist perfekt!	Ich nehme das hier / diese.

Do you have any other colours or patterns?
djüü häv enej adhe kales o'e pädens
tun du haben irgendein andere Farben oder Muster
Haben Sie andere Farben oder Muster?

Die Farben können Sie kombinieren mit dark daak *(dunkel) oder* light lojt *(hell).*

white – black	wojt – bläk	weiß – schwarz
gold – silver	goud – ßilve	gold – silber
yellow – orange	jelöü – orensh	gelb – orange
red – green	red – grejn	rot – grün
brown – purple	brä'un – pööpel	braun – lila
blue – pink	blüü – pingk	blau – rosa
plain – grey	plajn – graj	uni – grau

Souvenirs & Nützliches

Wie wär's mit opal öüpel *(Opal)*? Am wertvollsten ist black opal bläk öüpel, am wenigsten wertvoll white / light opal wojt / lojt öüpel.

What type of gemstone is this?
wod tojpef dshemßtöün is dhiß
was Typ von Edelstein ist dies
Was ist das für ein Edelstein?

doublet / triplet	aufgeklebte Opalsplitter	düüblet / triplet
jewellery – pendant	Schmuck – Anhänger	dshüüelrej – pendend
bangle – bracelet	Armreif – Armband	bänggel – brajßlet
earrings – ring	Ohrringe – Ring	ejrings – ring
tiebar	Krawattennadel	tojbaa
cufflink	Manschettenknopf	kaflingk
stubbie holder	Bierflaschenhalter	ßtabej höülde
coaster	Untersetzer	köüßte
(fridge) mag(net)	Kühlschrank-Magnet	(fridsh) mäg(net)
road sign	Verkehrsschild	röüd ßojn
bumper sticker	Autoaufkleber	bampe ßtike
sheepskin – rooskin	Schafsfell – Kängurufell	schejpßkin – rüüßkin
plush pet	Stofftier	plasch pet
print – painting	Kunstdruck – Gemälde	print – pajnting
calendar – sunnies	Kalender – Sonnenbrille	kälende – ßanejs
insect repellent	Insektenschutzmittel	inßekt repelend
sunscreen	Sonnenmilch	ßanßkrejn
toothpaste	Zahnpasta	tüü~~th~~pajßt
toothbrush	Zahnbürste	tüü~~th~~brasch
shampoo – soap	Shampoo – Seife	schämpüü – ßöüp
washing powder	Waschpulver	wosching pä'ude
pen	Kugelschreiber	pen
nappies – dummy	Windeln – Schnuller	näpejs – damej
umbrella	Regenschirm	ambrele
film – battery	Film – Batterie	film – bäderej
tobacco – papers	Tabak – Blättchen	tebäköü – pajpes
smokes / ciggies	Zigaretten	ßmöükß / ßigejs
matches – lighter	Streichhölzer – Feuerzeug	mätsches – lojde

I'm looking for a thingie to clean this with.
ojm lükin fo'e e ~~th~~ingej teklejn ~~dh~~iß wi~~dh~~
ich'bin suchend für ein Ding zu reinigen dies mit
Ich suche etwas, um das zu reinigen.

a couple of	e kaplef	ein paar
a pair of	e peref	ein Paar
a piece of	e pejßef	ein Stück
a packet of	e päketef	ein Päckchen
a bottle of	e bodlef	ein Flasche
a tube of	e tjüübef	ein Tube
a few / some	e fjüü / ßam	einige / ein paar
(kilo)gram	(kejlöü)gräm	(Kilo-)Gramm

Bezahlen

What's this shirt worth? $9 all up.
wotß ~~dh~~iß schööt wöö~~th~~ nojn doles oul ap
was'ist dies Hemd wert Dollar neun alles auf
Wie viel kostet das Hemd? Zusammen $9.

How much does this cost?
hä'u matsch das ~~dh~~iß koßt
wie viel tut dies kosten
Wie viel kostet das?

Do you accept credit cards?
djüü ekßept kredit kaads
tun du akzeptieren Kredit Karten
Akzeptieren Sie Kreditkarte?

Dass man mit Karte zahlen kann, sieht man auch an der Aufschrift EFTPOS. *Es bedeutet das gleiche wie bei uns das Zeichen für die Maestro- bzw. EC-Karte.*

I gave you $50, but I only got this change.
oj gajv jüü fiftej doles bad oj öünlej gad ~~dh~~iß tschajnsh
ich gab dir $50 aber ich nur bekommen dies Wechselgeld
Ich habe Ihnen einen 50er gegeben, aber Sie haben mir nur das hier zurückgegeben.

Unterwegs

Wenn Sie gerade angekommen sind, möchten Sie sicherlich erst Ihre nähere Umgebung zu Fuß oder mit einem gemieteten Fahrrad erkunden. Also auf geht's:

Which way is the Opera House?
witsch waj is ~~dh~~ej opre hä'uß
welcher Weg ist das Oper Haus
In welcher Richtung liegt das Opernhaus?

tourist information	Touristeninformation	türißt infemajschn
lookout	Aussichtspunkt	lükä'ud
heritage walk	Kulturerbe-Wanderung	heretidsh wouk
botanical garden	Botanischer Garten	böütänikel gaaden
park – fountain	Park – Brunnen	paak – fä'unten
war memorial	Kriegsdenkmal	woo'e memorjel
bridge – jetty	Brücke – Steg / Pier	bridsh – dshedej
market – beach	Markt – Strand	maaket – bejtsch
port – wharf	Hafen – Kai (Hafen)	pout – wouf
railway crossing	Bahnübergang	rajlwaj kroßing
boom gate	Bahnschranke	büüm gajt
pedestrian crossing	Fußgängerübergang	pedeßtrejen kroßing
intersection	Kreuzung	inteßekschn
T-junction	T-Kreuzung	tej dshangkschn
roundabout	Verkehrskreisel	rä'undebä'ut
lights – avenue	Ampel – Allee	lojtß – ävenjüü
road / drive / street	Straße	röüd / drojv / ßtrejt
court / terrace	Wohnstraße *(in Namen)*	kout / tereß
alley	Gasse	älej
square – mall	Platz – Einkaufsstraße	ßke'e – moul

Where is the harbour situated?
we'e is ~~dh~~e haabe ßitjüajded
wo ist der Hafen gelegen
Wo ist der Hafen?

Is the city centre within walking distance?
is ~~dh~~e ßidej ßende wi~~dh~~in wouking dißtenß
ist das Stadt Zentrum innerhalb gehend Entfernung
Ist das Zentrum in Gehnähe?

Vergessen Sie nur nicht, dass in Australien Linksverkehr herrscht.

Just continue straight and take the third left.
dshaßt kontinjüü ßtrajt en tajk ~~dh~~e ~~th~~ööd left
nur weitergehen gerade und nehmen die dritte links
Geradeaus, und dann die dritte links.

Can I go there by pushie / (push)bike?
kän oj göü ~~dh~~e'e boj püschej / (püsch)bojk
kann ich gehen dort bei Fahrrad
Kann man dort mit dem Fahrrad hinfahren?

EG

Bahnhof mit Fahrradschließboxen

Stay on this road, turn right at the lights.
ßtaj on ~~dh~~iß röüd töön rojt äd ~~dh~~e lojtß
bleibe auf dies Straße drehen rechts an der Ampel
Bleiben Sie auf der Hauptstraße und biegen Sie an der Ampel rechts ab.

in – on – at	in - on - äd	in – auf – bei / an
from – to	from - tü / te	von – nach / bis
left – right	left - rojt	links – rechts
into – out of	intü - ä'utef	hinein – heraus
under – over	ande - öüve	unter – über
up – down	ap - dä'un	hinauf – hinunter
above – below	ebav - belöü	oberhalb – unter
ahead – back	ehed - bäk	weiter – zurück
in front of	in frondef	vor
behind	behojnd	hinter
before – after	befo'e - aafte	vor – hinter
inside	inßojd	drinnen
outside	ä'udßojd	draußen
next to	nekßtü	neben
between	betwejn	zwischen
across from	ekroß from	gegenüber
(a)round	(e)rä'und	um ... herum
straight	ßtrajt	gerade
thru / through	~~th~~rüü	durch
adjacent	edshajßent	gegenüber
near – far	ni'e - faa	nah, weit
nearby / close	ni'eboj / klöüß	in der Nähe
in the heart of	in ~~dh~~e haadef	mitten in
in the middle	in ~~dh~~e midl	in der Mitte
north – south	nou~~th~~ - ßä'u~~th~~	Norden – Süden
east – west	ejßt - weßt	Osten – Westen

Die berühmteste australische Brücke ist sicher die Sydney Harbour Bridge ßidnej haabe bridsh, *mit Spitznamen* coathanger köuthänge *(Kleiderbügel).*

What are the major tourist attractions?
wod aa ~~dh~~e majdshe türißt eträkschns
was sind die Haupt- Tourist Attraktionen
Was sind die Haupt-Touristenattraktionen?

Der National Trust näschnel traßt *schützt und pflegt Orte von historischem Wert.*

I'd like a map of Darwin please.
ojd lojk e mäp of daawen plejs
ich'würde mögen eine Landkarte von Darwin bitte
Ich hätte gerne eine Karte von Darwin.

bilding – rüüin	**building – ruin**	Gebäude – Ruine
lojthä'uß	**lighthouse**	Leuchtturm
mil – fäkterej	**mill – factory**	Mühle – Fabrik
tschöötsch – ke~~th~~ejdrel	**church – cathedral**	Kirche – Kathedrale
dshajl – kouthä'uß	**gaol – courthouse**	Gefängnis – Gericht
tä'un houl – lojbrärej	**town hall – library**	Stadthalle – Bücherei
paalement hä'uß	**parliament house**	Parlamentsgebäude
hißtorikel bilding	**historical building**	historisches Gebäude

Die UNESCO vergibt das Prädikat World Heritage site, *davon gibt es 15 in Australien.*

Which places in Australia have a World Heritage listing?
witsch plajßes in eßtrajlje häv e wööld häretidsh lißting
welche Orte in Australien haben ein Welt Erbe Eintrag
Welches sind die „Weltkulturgut"-Orte in Australien?

mit dem Bus

Wer Australien nicht nur aus der Luft sehen will, für den ist Busfahren eine Alternative, aber z. B. die 3500 km lange Strecke von Adelaide nach Darwin dauert 39 Stunden, weil der Bus überall zur Postzustellung hält.

bus – coach	Bus – Reisebus	baß - köütsch
shuttle bus	Pendelbus	schadl baß
pass	Ermäßigungskarte	paaß
bus driver	Busfahrer	baß drojve
terminal	Busbahnhof	töömenel
terminus	Endhaltestelle	töömeneß

Öffentliche Verkehrsmittel sind privatisiert. Wer welchen Service anbietet, erfährt man unter einer Servicetelefonnummer, bei der Sie nach der besten Verbindung fragen können.

Where to?	**Where would you like to go?**
we'e tüü	we'e wüd jüü lojkte göü
wo zu	*wo würdest du mögen zu gehen*
Wohin?	Wohin möchten Sie?

I'd like to go to Ransome, please.
ojd lojkte göüte ränßem plejs
ich'würde mögen zu gehen zu Ransome bitte
Ich möchte nach Ransome, bitte.

How do I get there?
hä'u düü oj ged ~~dh~~e'e
wie tue ich bekomen dort
Wie komme ich dahin?

Take bus no. 1, then no. 11 from Capalaba.
tajk baß nambe wan ~~dh~~en nambe ejleven from kepälebaa
nehme Bus Nummer eins dann Nummer elf von Capalaba
Nehmen Sie Bus Nr. 1 bis Capalaba, dann Bus Nummer 11.

Where's your nearest pick-up / drop-off point?
we'es je nejreßt pikap / dropof pojnt
wo'ist dein nächste pflück-auf / fall-ab Punkt
Wo ist Ihre nächste Haltestelle?

We pick up in Elizabeth Street past the Albert Street corner.
wej pik ap in elisebeth ßtrejt paaßt dhii älbet ßtrejt koune
wir picken auf in Elizabeth Straße nach der Albert Straße Ecke
Wir haben eine Haltestelle in der Elizabeth-Straße nach der Ecke Albert-Straße.

mit dem Zug

Das Langstrecken-Zugnetz ist kaum ausgebaut. Die Züge fahren langsam und selten täglich, aber es ist bequemer als per Bus. Der innerstädtische Zugverkehr in Sydney, Brisbane, Melbourne und Perth ist gut ausgebaut.

In Sydney gibt es monorail möünerajl *(erhöhten Eingleis-Zug) und* (metro) light rail (metröü) lojt rajl. *In Adelaide, Melbourne und Perth gibt es eine* tram träm *(Straßenbahn).*

rail(way)	rajl(waj)	Eisenbahn
train	trajn	Zug
station	ßtajschn	Bahnhof
timetable	tojmtajbl	Fahrplan
conductor	kendakte	Kontrolleur
platform	plätfoum	Plattform
sitting car	ßiting kaa	Sitzwagen
sleeping car	ßlejping kaa	Schlafwagen
(sleeping) berth	(ßlejping) bööth	Liegeplatz
dining car	dojning kaa	Speisewagen
club car	klab kaa	Bistrowagen
tilt train	tilt trajn	Schnellzug

A single / return ticket to Brisbane, please.
e ßinggel / retöön tiket te brisben plejs
eine einfache / Hin-und-Rück Ticket zu Brisbane bitte
Eine einfache / Rückfarte nach Brisbane, bitte.

Seat or sleeper?
ßejt o'e ßlejpe
Sitz oder Schlafwagen
Sitzwagen oder Schlafwagen?

First / Second class sleeper, please.
föößt / ßekend klaaß ßlejpe plejs
erste / zweite Klasse Schlafwagen bitte
Erste / Zweite Klasse im Schlafwagen bitte.

Upper, middle or lower berth?
ape midl o'e löüe böö~~th~~
obere mittlere oder untere Liegeplatz
Oberes, mittleres oder unteres Bett?

Window, middle or aisle seat during the day?
windöü midl o'e ojl ßejt djüüring ~~dh~~e daj
Fenster Mitte oder Gang Sitz während Tageszeit
Fenster-, Mittel- oder Gangplatz während des Tages?

The luggage check-in is at the front of the train.
~~dh~~e lagidsh tschekin is äd ~~dh~~e frontef ~~dh~~e trajn
der Gepäck prüfen-ein ist an der Vorderseite von der Zug
Der Gepäck-Check-in ist am vorderen Ende des Zuges.

Fahrkarten können Sie entweder über einen travel agent trävel ajdshend *(Reiseveranstalter) buchen oder selbst vor Ort kaufen.*

Häufig gibt es keine Plattform, und der station master ßtajschn maaßte *(Stationsvorsteher) muss eigenhändig eine fahrbare Treppe an die Zugtüren schieben.*

Oft ist auch der Bahnhof nicht lang genug für den den Zug und die passengers päßendshes *(Passagiere) können den Zug nur in andere Waggongruppen aufgeteilt verlassen.*

Boarding time is 8:35.
bouding tojm is ajt thöödejfojv
an-Bord-gehend Zeit ist acht dreißig-fünf
Um 8:35 sollten Sie an Bord gehen.

mit dem Boot

Oft stehen an Fährstellen Schilder mit den Aufschriften pay on board paj on boud *(an Bord zahlen) und* cash only käsch öünlej *(nur Bargeld).*

Die Fähren spielen eine wichtige Rolle, z. B. in Brisbane zum Überqueren des Brisbane river brisben rive *(Brisbane-Flusses)* und in Sydney zum Überqueren des harbour haabe *(Hafens).*

ferry	ferej	Fähre
paddle steamer	pädl ßtejme	Raddampfer
yacht	joud	Yacht
(sail) boat	(ßajl) böüt	(Segel-)Boot
ship	schip	Schiff
dinghie	dingej	Gummiboot

I'd like to book a ticket for a harbour / whale watching cruise, please.
ojd lojkte bük e tiket fo'e e haabe / wojl wotsching krüüs plejs
ich'würde mögen zu buchen eine Fahrkarte für ein Hafen / Wal beobachtend Rundfahrt bitte
Ich möchte bitte eine Fahrkarte für eine Hafenrundfahrt / zum Walebeobachten.

Where do I have to get on board?
we'e düü oj hävte ged on boud
wo tue ich haben zu bekommen an Bord
Wo muss ich an Bord gehen?

mit dem Taxi

Gehen Sie zum taxi rank täkßej rängk *(Taxistand)* oder winken Sie ein Taxi an der Straße heran. Sie können natürlich auch darum bitten, dass man ein Taxi für Sie bestellt:

Could you call me a taxi, please?
küdje koul mej e täkßej plejs
könntest du rufen mir ein Taxi bitte
Könnten Sie mir bitte ein Taxi rufen?

I need a taxi for tomorrow morning at six.
oj nejd e täkßej fo'e temoröü mouning äd ßikß
ich brauche ein Taxi für morgen Morgen um sechs
Ich brauche morgen ein Taxi um sechs Uhr.

mit dem Flugzeug

Wenn Sie nicht viel Zeit mitbringen, sollten Sie domestic flights döümeßtik flojtß *(Inlandsflüge)* nehmen, um mehr vom Land zu sehen.

airport	e'epout	Flughafen
(aero)plane	e'eplajn	Flugzeug
heli(copter)	helej(kopte)	Hubschrauber
gate	gajt	Gate
terminal	töömenel	Terminal
flight attendant	flojt etendend	Steward(ess)
boarding pass	bouding paaß	Bordkarte
ticket	tiket	Ticket
check-in	tschek in	einchecken
baggage claim	bägidsh klajm	Gepäckband

Wenn Sie Ihren Flug verpasst haben, wird man meist versuchen, Sie per standby ßtänboj *(Warteliste) in den nächsten Flieger zu bekommen.*

Flight QF 328 is ready for boarding.
flojt kjüü ef ~~th~~rej tüü ajt is redej fo'e bouding
Flug QF 328 ist fertig für an-Bord-gehend
Sie können jetzt an Bord von QF 328 gehen.

This is now the final call for flight QF 328.
~~dh~~ißis nä'u ~~dh~~e fojnel koul fo'e flojt kjüü ef ~~th~~rej tüü ajt
das ist jetzt der letzte Ruf für Flug QF 328
Dies ist der letzte Aufruf für den Flug QF 328.

Please proceed to gate number 31.
plejs preßejd te gajt nambe ~~th~~öötej wan
bitte weitergehen zu Tor Nummer dreißig-eins
Bitte gehen Sie zum Gate 31.

Sorry, you have missed your flight.
ßorej jüü häv mißt je flojt
Entschuldigung du haben verpasst dein Flug
Es tut mir Leid, Sie haben Ihren Flug verpasst.

mit eigenem Fahrzeug

Die einzige Art und Weise, Australien richtig kennen zu lernen, ist mit dem eigenen Fahrzeug. Sie können können eines sowohl mieten als auch kaufen, z. B. auf einem der vielen backpacker car markets bäkpäke kaa maaketß *(Automärkte für Rucksackreisende)*.

I'd like to hire / rent a 4WD, please.
ojk lojkte hoje / rent e fo'e wejl drojv plejs
ich'würde mögen zu mieten ein vier-Rad-Antrieb bitte
Ich möchte bitte einen Geländewagen mieten.

May I see your driving license, please?
maj oj ßej je drojving lojßenß plejs
darf ich sehen dein fahrend Lizenz bitte
Kann ich bitte Ihren Führerschein sehen?

car	kaa	Auto
van / kombi	vän / kombej	Transporter
camper van	kämpe vän	Wohnmobil
caravan	kärevän	Wohnwagen
convertible	kenvöödebel	Cabrio
(motor)bike	(möüde)bojk	Motorrad

Ein camper trailer kämpe trajle *ist ein Anhänger, der sich zum Zelt auffaltet.*

Ein ute / utility vehicle jüüt / jüütiledej vejekel *ist ein PKW mit Ladefläche (Zweisitzer).*

I'd like to hire a car for six weeks.
ojd lojkte hoje e kaa fo'e ßikß wejkß
ich'würde mögen zu mieten ein Auto für sechs Wochen
Ich möchte ein Auto für sechs Wochen mieten.

How much is the rate per day ex Cairns?
hä'u matsch is ~~dh~~e rajt pöö daj ekß kääns
wie viel ist die Rate pro Tag aus Cairns
Wie viel kostet es pro Tag ab Cairns?

Do you have any special offers?
djüü häv enej ßpeschel ofes
tun du haben irgendein besondere Angebote
Bieten Sie besondere Angebote?

unlimited kilometres	Kilometer unbegrenzt	anlimeted kejlometes
one way fee	Einwegpreis	wan waj fej
cancellation fee	Stornogebühr	känßelajschn fej
no refund	keine Rückerstattung	nöü rejfand
deposit	Kaution	deposit
number plate	Nummernschild	nambe plajt

Ein road train röüd trajn *ist ein* truck trak *(LKW) mit meist zwei bis drei Anhängern, also extremer Überlänge. Seien Sie vorsichtig, wenn Ihnen einer entgegen kommt.*

I'd like to buy this vehicle.
ojd lojkte boj ~~dh~~iß vejekel
ich'würde mögen zu kaufen dies Fahrzeug
Ich würde das Fahrzeug gern kaufen.

Can you arrange for the rego?
kän jüü erajnsh fo'e ~~dh~~e redshöü
kannst du arrangieren für die Autozulassung
Können Sie die Zulassung arrangieren?

Does it have 4WD and aircon?
das id häv fo'e wejl drojv en e'ekon
tut es haben Allradantrieb und Klimaanlage
Hat er Allradantrieb und Klimaanlage?

water tank	woude tängk	Wassertank
CB (radio)	ßejbej (rajdjöü)	Funk
baby seat	bajbej ßejt	Babysitz
manual	mänjüel	Schaltwagen
automatic	oudemädik	Automatik

Für Aboriginal land äboridshenel länd *(Land der Aboriginals) brauchen Sie eine Genehmigung.*

Is a permit required to visit Arnhem Land?
is e pöömed rekwojed te visid aanem länd
ist eine Erlaubnis erfordert zu besuchen Arnhem Land
Braucht man eine Erlaubnis, um Arnhem Land zu betreten?

anßejld / dööt röüd	**unsealed / dirt road**	Schotterpiste
ßejld / bitjüümen röüd	**sealed / bitumen road**	geteerte Straße
(100 km/h) frejwaj	**freeway**	Autobahn (100 km/h)
(100 km/h) ekßpreßwaj	**expressway**	Schnellstraße
hojwaj *(nicht immer Asphalt!)*	**highway**	zweispurige Bundesstraße

Do you sell maps for self-drive tours?
djüü ßel mäpß fo'e ßelf drojv tü'es
tun du verkaufen Karten für selbst-fahren Touren
Bieten Sie Landkarten für Selbstfahrer-Touren abseits der Straße an?

Straßenschilder

(cattle) grid / gate (kädl) grid / gajt
(Vieh) Rost, Gatter – Durchlass im Zaun. Tiere können nicht über das Rost steigen

river crossing closed rive kroßing klöüsd
Flussüberquerung gesperrt

closed to all vehicles klöüsd te oul vejekels
für alle Fahrzeuge gesperrt

damaged road surface dämedshd röüd ßööfeß
beschädigte Straßenoberfläche

deep potholes dejp pothöüls
tiefe Schlaglöcher

closed due to flooding klöüsd djüüte flading
wegen Überflutung geschlossen

remain on signed roads remajn on ßojnd röüds
auf ausgeschilderten Straßen bleiben

floodway fladwaj
Fluss tritt in der Regenzeit über die Straße

Vorsichtig links fahren

bandicoot = *Nasenbeutler (auch „Schweineratte")*

Unterwegs

giv waj	**give way**	Vorfahrt gewähren
foum wan lajn	**form 1 lane**	einfädeln in eine Spur
röüdwöökß	**roadworks**	Straßenarbeiten
düü nod öüvetajk	**do not overtake**	nicht überholen
kejp left	**keep left**	links halten
dajndshereß kouschn	**dangerous, caution**	gefährlich
röüd ehed	**road ahead**	Achtung Straße
wan waj	**one way**	Einbahnstraße
töül bridsh	**toll bridge**	Mautbrücke
nöü ßtänding	**no standing**	Halteverbot
nöü paaking	**no parking**	Parkverbot
löüding söün	**loading zone**	Ladezone
rong waj göü bäk	**wrong way, go back**	falsche Richtung

Excuse me, where is a car park nearby?
ekßkjüüs mej we'e is e kaa paak ni'eboj
entschuldige mich, wo ist ein Auto Park nahebei
Entschuldige, ist in der Nähe ein Parkplatz?

Chuck a U-ie. It's 50 m down on your right.
tschak e jüüej itß fiftej mejtes dä'un on je rojt
schmeißen ein Wende es'ist 50m runter auf dein rechts
Wenden Sie hier, dann ist es 50 Meter die Straße hinunter auf der rechten Seite.

Tankstelle – service station ßööviß ßtajschn

roadhouse	röüdhä'uß	Raststätte
petrol – oil	petrel – ojl	Benzin – Öl
unleaded	anleded	unverbleit
diesel	dejßel	Diesel
pressure – air	presche – e'e	Druck – Luft
LPG	el pej dshej	Gas

How far is the next servo?
hä'u faa is ~~dh~~e nekß ßöövöü
wie weit ist die nächste Tankstelle
Wie weit ist es bis zur nächsten Tankstelle?

I've got a flat battery / puncture.
ojv gade flät bäderej / pangktsche
ich'habe bekommen ein flach Batterie / Platten
Ich habe eine leere Batterie / einen Platten.

Do you have a mobile phone or CB?
djüü häv e möübojl föün o'e ßej bej
tun du haben ein mobil Telefon oder Funk
Haben Sie ein Handy oder Funk?

Ein bull / roo-bar
bül / rüü baa
(Schutzgitter) vor der vorderen Stoßstange schützt Fahrzeuge vor Schaden beim Zusammenstoß mit einem Känguru.

flames – smoke	Flammen – Rauch	flajms – ßmöük
overheated – steam	überhitzt – Dampf	öüvehejded – ßtejm
tyre – wheel	Reifen – Rad	toje – wejl
radiator – gears	Kühler – Schaltung	rajdejajde – gi'es
clutch – accelerator	Kupplung – Gaspedal	klatsch – äkßelerajde
brakes – axle	Bremse – Achse	brajkß – äkßel
windscreen	Windschutzscheibe	windßkrejn
windscreen wiper	Scheibenwischer	windßkrejn wojpe
jump start the car	Auto notstarten	dshampßtaat ~~dh~~e kaa
head / back lights	Vorder- / Rücklicht	hed / bäk lojtß
fanbelt	Keilriemen	fänbelt
get stuck – broken	feststecken – kaputt	gad ßtak – bröüken
no longer working	funktioniert nicht mehr	nöü longge wööking

There has been a prang.
~~dh~~e'e häs bejn e präng
dort hat gewesen ein Unfall
Es hat einen Unfall gegeben.

Could you send an ambulance, please?
küdje ßend en ämbjelenß plejs
könntest du schicken ein Krankenwagen bitte
Bitte schicken Sie einen Krankenwagen.

dshäk – häme	**jack – hammer**	Wagenheber – Hammer
ßkrüü drojve	**screw driver**	Schraubenzieher
rensch / ßpäne	**wrench / spanner**	Schraubenschlüssel
toutsch – plojes	**torch – pliers**	Taschenlampe – Zange
ßpe'e (toje)	**spare (tyre)**	Ersatzreifen
küülent – woude	**coolant – water**	Kühlwasser – Wasser
glöüb – fjüüs	**globe – fuse**	Glühbirne – Sicherung
föößt ajd kit	**First Aid kit**	Erste-Hilfe-Kasten
ßnätsch ßträp	**snatch strap**	Abschleppseil
dshampe lejds	**jumper leads**	Überbrückungskabel
ßpajd	**spade**	Spaten

AT

Hier wird Werkzeug benötigt

Unterkunft

In traditionellen Pubs befindet sich im Erdgeschoss Bar und Restaurant, und darüber die Hotelzimmer.

In Städten hat manch ein Pub zwar noch ein „Hotel" im Namen, bietet aber keinerlei Unterkunft mehr an!

accommodation	Unterkunft	äkomedajschn
hotel / pub – motel	Hotel – Motel	höütel / pab – möütel
(youth) hostel	Jugendherberge	(jüü~~th~~) hoßtel
Bed & Breakfast (B&B)	Frühstückspension	beden brekfeßt (bejenbej)
guest house	Gästehaus	geßt hä'uß
self-contained (unit)	Ferienbungalow	ßelfkontajnd jüünid
caravan park	Campingplatz	kärevän paak

Do you still have a twin / three-bed room?
djüü ßtil häv e twin / ~~th~~rej bedrüüm
tun du noch haben ein Doppel / Dreibettzimmer
Haben Sie noch ein Doppel- / Dreibettzimmer?

dorm-bed	Schlafsaalbett	doumbed
queen / king size bed	Doppelbett klein / groß	kwejn / king ßojs bed
ensuite	Bad im Zimmer	õßwejt
kitchen – gas BBQ	Küche – Gasgrill	kitschn – gäß baabekjüü
locker – safe	Schließfach – Safe	loke – ßajf
fridge – TV	Kühlschrank – TV	fridsh – tejvej
internet access	Internetzugang	intened äkßeß

How many nights?
hä'u menej nojtß
wie viele Nächte
Für wie lange?

Just tonight.
dshaßt tenojt
nur zu-Nacht
Nur heute Nacht.

Do you have a reservation?
djüü häv e resevajschn
tun du haben eine Reservierung
Haben Sie reserviert?

I'm sorry, we're fully booked.
ojm ßorej wi'e fülej bükt
ich'bin Leid wir'sind voll gebucht
Es tut mir Leid, wir sind ausgebucht.

How much is it?
hä'u matsch isit
wie viel ist es
Wie viel kostet es?

Is breakfast included?
is brekfeßt inklüüded
ist Frühstück inbegriffen
Frühstück inbegriffen?

I'm looking for the laundry facilities.
ojm lükin fo'e ~~dh~~e loundrej fäßilidejs
ich'bin suchend für die Wäsche Einrichtungen
Ich suche den Wäscheraum.

I need a blanket / bedsheet / towel.
oj nejd e blängket / bedschejt / tä'uel
ich brauche eine Decke / Laken / Handtuch
Ich brauche ein(e) Decke / Laken / Handtuch.

Can I put my luggage into storage?
kän oj püt mej lagidsh intü ßtouridsh
kann ich stecken mein Gepäck in-zu Aufbewahrung
Kann ich mein Gepäck in Aufwahrung geben?

There's a problem with the fan.
~~dh~~e'es e problem wi~~dh~~ ~~dh~~e fän
dort'ist ein Problem mit dem Ventilator
Es gibt ein Problem mit dem Ventilator.

key – lift – knife	Schlüssel – Lift – Messer	kej – lift – nojf
frying pan – pot	Bratpfanne – Kochtopf	frojing pän – pot
lid – chopping board	Deckel – Schneidebrett	lid – tschoping boud
bin – rubbish bag	Mülleimer – Müllsack	bin – rabisch bäg
pillow – blanket	Kissen – Decke	pilöü – blängket
globe – cutlery	Glühbirne – Besteck	glöüb – katlerej
hotplate – cooker	Herdplatte – Kocher	hotplajt – küke
aircon – fan	Klimaanlage – Ventilator	e'ekon – fän
tin / bottle opener	Dosen- / Flaschenöffner	tin / bodl öüpene
water container	Wasserbehälter	woude kentajne
torch – whistle	Taschenlampe – Pfeife	toutsch – wißl
esky	Kühlbox	eßkej

I'm leaving. I'd like to pay, please.
ojm lejving ojd lojkte paj plejs
ich'bin weggehend ich'würde mögen zu zahlen bitte
Ich reise ab und würde gern zahlen.

Camping

Zum Campen müssen Sie eine camp fee kämp fej *(Campingplatzgebühr)* bezahlen, es sei denn Sie campen irgendwo im bush büsch *(Busch)*.

I'd like a space for a campervan, please.
ojd lojk e ßpajß fo'e e kämpevän plejs
ich'würde mögen ein Platz für ein Wohnmobil bitte
Ich hätte gern einen Wohnmobilplatz.

Where should we pitch the tent?
we'e schüd wej pitsch ~~dh~~e tent
wo sollten wir aufschlagen das Zelt
Wo sollen wir das Zelt aufschlagen?

Ein typisch australischer Schlafsack nennt sich swag ßwäg. *Er ist relativ dick gepolstert und von unten beschichtet, damit man im Freien ohne Zelt übernachten kann.*

Do you rent any sleeping bags / mattresses?
düü jüü rent enej ßlejping bägs / mätreßes
tun du mieten irgendein schlafend Tasche / Matrazen
Vermietet ihr auch Schlafsäcke / Schlafmatten?

Could I borrow your billy?
küd oj boröü je bilej
könnte ich leihen dein Campingkanne
Kann ich mir eure Kanne ausleihen?

no camping	Campen verboten!
no wood fires permitted	Holzfeuer verboten!
do not collect firewood	Feuerholz sammeln verboten!
take all litter with you	Müll mitnehmen!

Toilette & Bad

Im Grunde ist alles wie bei uns, aber wegen der Sommerhitze wird mehr geduscht.

Mit einem Smartphone können Sie sich die mit einem 👂 *gekennzeichneten Sätze dieses Kapitels anhören.*

👂 **Where's the shower / toilet, please?**
we'es ~~dh~~e schä'ue / tojled plejs
wo'ist die Dusche / Toilette bitte
Wo ist bitte die Dusche / Toilette?

👂 **I'm just going to the toilet.**
ojm dshaßt göüing tü ~~dh~~e tojled
ich'bin gerade gehend zu die Toilette
Ich gehe gerade mal zur Toilette.

bathroom – basin	Badezimmer – Waschbecken	baa~~th~~rüüm - bajßin
spa – bath	Whirlpool – Badewanne	ßpaa - baa~~th~~
soap – shampoo	Seife – Shampoo	ßöüp - schämpüü
cold / hot water	kaltes / warmes Wasser	koud / hot woude
tap – drain	Wasserhahn – Abfluss	täp - drajn

I'll just go and wash my hands.
ojl dshaßt göü en wosch mej händs
ich'werde nur gehen und waschen mein Hände
Ich gehe mal kurz die Hände waschen.

Can you pass me some toilet paper, please?
kän jüü paaß mej ßam tojled pajpe plejs
kannst du reichen mir etwas Toilette Papier bitte
Könnten Sie mir etwas Toilettenpapier geben?

tissue tischüü
Taschentuch, Papiertuch

Do you have a tampon / sanitary pad?
djüü häv e tämpon / ßänetrej päd
tun du haben ein Tampon / Sanitär Wattierung
Hast du einen Tampon / eine Binde?

Where can I change her / his nappy?
we'e kän oj tschajndsh höö / his näpej
wo kann ich wechseln ihre / seine Windel
Wo kann ich ihre / seine Windeln wechseln?

I'm gonna take a leak.
ojm gone tajk e lejk
ich'bin gehend-zu nehmen ein Leck
Ich gehe mal pinkeln. *(nur Männer)*

I'll go to the trough.
ojl göü tü ~~dh~~e trof
ich'werde gehen zu das Pissoir
Ich gehe mal pinkeln. *(nur Männer)*

Outback & The bush

Den outback ä'uwtbäk lernen Sie beim bushwalking büschwouking *(Wandern im Busch)* im national park näschnel paak *(Nationalpark)* am besten kennen.

Im australischen Outback gibt es noch richtige Plumpsklos: outback dunny ä'utbäk danej.

Let's go bush this weekend.
letß göü büsch ~~dh~~iß wejkend
lass'uns gehen Busch dies Wochenende
Lass uns dieses Wochenende in der Natur verbringen.

I'd like to book an outback walking tour.
ojd lojkte bük en ä'utbäk wouking tü'e
ich'würde mögen zu buchen ein Outback gehend Tour
Ich würde gerne eine Wandertour im Outback buchen.

Is the trail difficult / steep?
is ~~dh~~e trajl difekelt / ßtejp
ist der Weg schwierig / steil
Ist der Weg schwierig / steil?

Is the walking trail easy to find?
is ~~dh~~e wouking trajl ejsej te fojnd
ist der gehend Pfad leicht zu finden
Ist der Pfad einfach zu finden?

one way wan waj
eine Richtung

How long does the trip take?
hä'u long das ~~dh~~e trip tajk
wie lang tut der Ausflug nehmen
Wie lange dauert der Ausflug?

return retöön
hin und zurück

When does the guided walk start, please?
wen das ~~dh~~e gojded wouk ßtaat plejs
wann tut die geführte Spaziergang anfangen bitte
Wann fängt die Führung an?

night walk nojt wouk
Nachtwanderung

dawn walk doun wouk
Wanderung in der Morgendämmerung

Excuse me, how high is this peak?
ekßkjüüs mej hä'u hoj is ~~dh~~iß pejk
entschuldige mich wie hoch ist dies Bergspitze
Entschuldigung, wie hoch ist dieser Gipfel?

mountain (MT) – range	Berg – Gebirge	mä'unten – rajnsh
hill – peak	Hügel – Bergspitze	hil – pejk
elevation – cave	Höhe – Höhle	elevajschn – kajv
valley – gorge / gully	Tal – Schlucht	valej – goudsh / galej
lake – swamp	See – Sumpf	lojk – ßwomp
river (bed / bank)	Fluss(bett / -ufer)	rive (bed / bängk)
billabong – waterfall	Wasserloch – Wasserfall	bilebong – woudefoul
(rain)forest	(Regen-)Wald	(rajn)foreßt
gibber – desert	Steinwüste – Wüste	dshibe – deset
savannah – dune	Savanne – Düne	ßeväne – djüün
plain – salt lake	Ebene – Salzsee	plajn – ßout lojk

I saw a couple of marsupials.
oj ßou e kapelef maaßüüpejels
ich sah ein paar von Beuteltiere
Ich habe ein paar Beuteltiere gesehen.

bandicoot bändejküüt: leben in Erdlöchern und sind nachtaktiv (SA, VIC, NSW, TAS).
bilby bilbej *Hasenbeutler*: nachaktives mausartiges Tier in den Wüsten.
glider glojde: Waldtier ähnlich dem Possum, springt bis zu 100 m von Baum zu Baum

Outback & The bush

Zu Ostern bekommt man chocolate bilbies *aus Protest gegen die durch die Engländer eingeführten Kaninchen, die sich durch das Fehlen natürlicher Feinde rasant vermehren und in ihrer Knabberwut zur Erosion beitragen.*

wallabies wolebejs *(Wallabys) sind kleinere bis mittelgroße Känguruarten. Außerdem gibt es* quokka kwoke, potoroo poderüü, wallaroo wolerüü *und* pademelon pädemelen, *allesamt känguruartige Tiere. Das Baby im Beutel nennt man* Joey dshöüej.

(kanga)roo (kängge)rüü: von handgroß wie musky rat kangaroo bis hin zu größer als ein Mensch: big red roo *(Rotes Riesenkänguru).*
koala köüaale: frisst Eukalyptusblätter, schläft ca. 20 von 24 Std. (QLD, NSW, VIC).
possum poßem: nachtaktiver katzenartiger Baumkletterer in den Wäldern.
quoll kwol: weißgetupfter Beutelmarder (TAS), frisst Insekten, Echsen, Wallabys.
Tasmanian devil täßmajnjen devel: aasfressender Beutelhund (TAS).
wombat wombät: nachtaktives bärenartiges Tier. (SA, VIC, NSW).

What is that animal / plant called?
wod is dhäd änemel / plaant kould
was ist das Tier / Pflanze genannt
Wie nennt sich das Tier / Pflanze?

I spotted some wildlife today.
oj ßpoded ßam wojdlojf tedaj
ich entdeckt etwas wild-Leben heute
Ich habe heute wilde Tiere gesehen.

What type of lizard is this?
wod tojpef lised is dhiß
was Typ von Echse ist dies
Was für eine Echse ist das?

Is this snake venomous?
is dhiß ßnajk venemeß
ist dies Schlange giftig
Ist diese Schlange giftig?

bearded dragon bi'eded drägen *Bartagame:* Echse mit „Bart" in Südaustralien.
blue-tongued lizard blüütangd lised *Blauzungenechse:* hat eine blaue Zunge.
carpet python kaaped pojthen *Diamantpython:* Würgeschlange, bis zu 3,5 m lang.
echidna ekidne: igelartig, mit langer Schnauze. Frsst Termiten und Ameisen.
frilled lizard frild lised *Kragenechse:* findet man im tropischen Nordaustralien.
Gould's monitor gouds monete *Goulds Waran:* bis zu 1,5 m lange Echse.
green tree-frog grejn trej frog: grüner Frosch mit Saugnäpfen an den Füßen.
thorny devil thounej devel: Echse in der Wüste, mit großen Dornen gegen Raubvögel.

Es gibt zwanzig für Menschen tödliche Schlangenarten in Australien, darüber hinaus tödliche Spinnen usw., siehe im Kapitel „Erste Hilfe & Krank sein". Tragen Sie immer lange Hosen und feste Schuhe, wenn Sie durch das Unterholz laufen, und machen Sie schön viel Krach, damit Sie den Schlangen viel Zeit geben, sich rechtzeitig aus dem Staub zu machen.

Where can I go birdwatching?
we'e kän oj göü böödwotsching
wo kann ich gehen Vögel-beobachtend
Wo kann ich Vögel beobachten gehen?

black swan bläk ßwon *Schwarzer Trauerschwan:* schwarz mit rotem Schnabel.
brush turkey brasch töökej *Wildhuhn:* roter Kopf, gelber Halssack im Regenwald (QLD).
cassowary käßewerej: ähnlich wie Emu, mit einem „Helm" aus Horn. Regenwald (QLD).
cockatoo koketüü *Kakadu*: weiß mit gelben Kopffedern, oder seltener schwarz.
darter daade *Schlangenhalsvogel:* schwarz mit langem Hals und spitzem Schnabel zum Aufspießen von Fischen, lebt an Seen.

Outback & The bush

Das Geschrei der australischen Vögel machen das morgentliche Aufwachen zu einem völlig anders-artigen Erlebnis: galah gelaa, rosella röü'sele, budgie badshej, lorikeet larekejt, parrot päret *usw.*

emu ejmjüü *Emu:* Laufvorgel, ähnlich dem Strauß. Lebt überall außer im Regenwald.
ibis ajbeß: reiherartiger Vogel mit krummen gebogenen Schnabel, auch in Städten.
jabiru dshäberüü: einzige Storchenart in Australien. Schwarzer Kopf und Hals.
laughing kookaburra laafing kükebare *Lachender Hans:* so genannt wegen seines „irre" lachenden Rufs.
pelican peleken *Pelikan:* mit übergroßem pinkem Schnabel, lebt auf Seen
wedge-tailed eagle wedsh tajld ejgl: dieser Adler ist der größte von Australiens 27 Raubvögeln und frisst auch Aas.

Eine besondere Art von Termites töömojtß *(Termiten) lebt in NT in großen, grauen* magnetic termite mounds mägnedik töömojt mä'unds, *die alle identisch auf der Achse des Sonnenauf- und -untergangs ausgerichtet sind.*

Is it safe to swim here?
isit ßajfte ßwim hi'e
ist es sicher zu schwimmen hier
Kann man hier schwimmen?

There're only freshies.
dhe'aa öünlej freschejs
dort'sind nur Australien-Krokodile
Da sind nur Australien-Krokodile.

saltwater croc(odile) / saltie ßoutwoude krok(edojl) / ßoudej *Leistenkrokodil:* lebt im tropischen Norden an Flussmündungen ins Meer sowie im Salzsumpf, extrem gefährlich.
freshwater croc(odile) / freshie freschwoude krok(edojl) / freschej *Australien-Krokodil:* lebt im tropischen Norden in Flüssen, Sümpfen und an Wasserlöchern.

platypus plädepüß *Schnabeltier:* Sieht aus wie ein Minibiber mit Entenschnabel. In der Dämmerung in ruhigen Bächen zu sehen.
turtle / tortoise töödl / toudeß *Schildkröte*
water dragon woude drägen *Wasseragame:* in Ostaustralien am Wasser zu finden.

I want to book a heli flight over the wetlands.
aj wone bük e helej flojd öüve ~~dh~~e wetländs
ich wollen zu buchen ein Hubschrauber Flug über die Feuchtgebiete
Ich möchte einen Hubschrauberflug über die Feuchtgebiete buchen.

When is feeding time for the koalas / crocs?
wen is fejding tojm fo'e ~~dh~~e köüaales / krokß
wann ist fütternd Zeit für die Koalas / Krokodile
Wann ist die Fütterungszeit für die Koalas / Krokodile?

monotremes möünetrejms *(Kloakentiere): Es handelt sich dabei um eierlegende Säugetiere, bei denen Harnleiter, Geschlechtsdrüsen und Enddarm in einer gemeinsamen Höhle, der Kloake, münden – genau wie bei den Vögeln. Davon gibt es nur zwei Arten:* platypus *(Schnabeltier)* und echidna *(Ameisenigel).*

EG

Achtung, Krokodile

Outback & The bush

Eukalyptusbäume lassen in Zeiten großer Hitze ihre Äste absterben, um weniger Baumoberfläche versorgen zu müssen. Parken Sie Ihren Wagen nicht unter einem abgestorben aussehenden Ast!

eucalyptus / gum tree jüükelipteß / gam trej *(Eukalyptus):* ca. 1200 Arten, u. a. ghost gum mit weißer Rinde oder river red gum an Flüssen.
wattle wodl *(Akazie):* ca. 700 Arten.
wildflower wojdflä'ue *(Wildblume).*
banksia / bottlebrush bängkßje / bodlbrasch *(Banksia / Flaschenputzer):* wegen Blütenform.
bottle tree bodl trej *(Flaschenbaum)* (QLD).
casuarina / she-oak käshüerejne / schej öük: verwachsene Stämme und Blätterknäuel.
curtain fig tree kööten fig trej *(Würgefeige):* Wurzeln hängen von den Ästen herunter.
pandanus pändäneß *(Pandanuspalme):* Blätter verwenden die Aboriginals zum Korbweben.
saltbush ßoutbüsch: Strauch in Savannen.
spinifex ßpinefekß: scharfkantiges Gras.

scrub ßkrab *nennt man die Büsche und Sträucher, die die australische Landschaft beherrschen.*

Wildpark – wildlife park wojdlojf paak

Gegen flies flojs *(Fliegen) und* mozzies mosejs *(Mücken) schützen Sie sich am besten mit* insect repellent inßekt repelent *(Insektenschutzmittel).*

Two adults and one child, please.
tüü ädaltß en wan tschojd plejs
zwei Erwachsene und ein Kind bitte
Zwei Erwachsene und ein Kind bitte.

Do not feed / pet the animals.
düü nod fejd / pet dhii änemels
tue nicht füttern / streicheln die Tiere
Füttern / Streicheln der Tiere verboten!

Are these animals tame / endangered / rare?
aa dhejs änemels tajm / endajndshed / re'e
sind diese Tiere zahm / gefährdet / selten
Sind diese Tiere zahm / gefährdet / selten?

auf der Farm – at the station äd dhe ßtajschn

Adressen von Farmen, die man besuchen kann, gibt es beim Automobilclub. Sonst gilt:

Do not enter! Private property.
düü nod ente projvet propedej
tue nicht eintreten privat Besitz
Betreten verboten! Privatbesitz!

When is your next shearing run?
wen is je nekß schejring ran
wann ist dein nächste scherend Lauf
Wann ist bei euch die nächste Schafschur?

When can you break in that bronco?
wen kän jüü brajk in dhäd brongköü
wann kannst du brechen ein das noch-wilde-Pferd
Wann kannst du das Pferd einreiten?

You've got some beautiful horses!
jüüv god ßam bjüüdefel houßes
du'haben bekommen einige wunderschöne Pferde
Sie haben ein paar tolle Pferde!

What breed is it?
wod brejd isid
was Züchtung ist es
Was ist das für eine(r)?

That's a really cute / smart dog.
dhätß e rejlej kjüüt / ßmaat dog
das'ist ein wirklich süßer / schlauer Hund
Das ist ein wirklich süßer / schlauer Hund.

Zu einer cattle station kädl ßtajschn *(Viehfarm) gehört mindestens das* homestead höümßted *(Wohnhaus) des Farmers,* land länd *(Land) und viele* cows kä'us *(Rinder),* jumbucks dshambakß *(Schafe),* jackaroos dshäkerüüs *(Cowboys) und* jillaroos dshilerüüs *(Cowgirls).*

Der dog fence dog fenß *hält die* dingoes dinggöüs *(Wildhunde) vom Weidegebiet der Farmer fern, da sie nicht springen oder graben können.*

How often do you have to mend the (dog) fence?
hä'uw often djüü hävte mend ~~dh~~e (dog) fenß
wie oft tun du haben zu reparieren der (Hund) Zaun
Wie oft müssen Sie den (Dingo-)Zaun reparieren?

Erst mit den europäischen Siedlern sind die introduced species intredjüüßd ßpejßejs *(eingeführte Tierarten)* nach Australien gekommen und bereiten nun Flora und Fauna Probleme.

horse – camel	houß - kämel	Pferd – Kamel
sheep – goat	schejp - göüt	Schaf – Ziege
cow – pig	kä'u - pig	Rind – Schwein
chicken – fox	tschiken - fokß	Huhn – Fuchs
dog – cat	dog - kät	Hund – Katze
rabbit – deer	räbit - di'e	Kaninchen – Reh
turkey – duck	töökej - dak	Truthahn – Ente

In Zuckerrohrfeldern trifft man auf den cane train kajn trajn *(Zuckerrohrzug)*, der das frisch geschnittene sugar cane schüge kajn *(Zuckerrohr)* direkt zur mill mil *(Fabrik)* transportiert. Die cane toad kajn töüd *(Agakröte)* wurde 1935 von Südamerika nach Queensland eingeführt, um Zuckerrohrkäfer zu bekämpfen. Doch die Kröte wurde mit ihren Giftdrüsen auf dem Rücken selbst zur Plage. Werden auf der Farm crops kropß *(Getreide)* angebaut, sieht man tractor träkte *(Traktor)*, harvester haaveßte *(Erntemaschine)*, silo ßojlöü *(Silo)* und generator dshenerajde *(Generator)*.

Opalmine – opal mine öüpel mojn

Das Opalminengebiet in Coober Pedy in SA dürfen Sie nur mit einem tour guide tü'e gojd *(Führer)* besuchen, weil die vielen offenen shafts schaaftß *(Minenschächte)* zu gefährlich sind. Ein Opalsucher macht Probebohrungen (prospect proßpekt). Wenn er auf traces trajßes *(Spuren)* von Opal trifft, macht er einen Claim geltend: claim land klajm länd. Er beginnt, systematisch alles auszugraben (gouge out gä'udsh ä'ut). Die nutzlose Erde heißt mullock malek, und die bringt er mit einer windlass windleß *(Winde)* an die Oberfläche. Heute durchsuchen viele diese alten, an die Oberfläche gebrachten Erdklumpen, denn sie enthalten oft noch brauchbare Opale. Das nennt man fossicking foßeking.

Weil es in Coober Pedy im Sommer so heiß ist, leben die meisten Bewohner underground andegrä'und *(unter Tage) in* dugouts dag-ä'utß *(gegrabenen Höhlen). Dort ist die Temperatur immer angenehme 20 °C. Sogar die Kirchen sind hier unterirdisch.*

What is this piece of opal worth?
wod is ~~dh~~iß pejßef öüpel wöö~~th~~
was ist dies Stück Opal wert
Was ist das Stück Opal wert?

EG

Alter Tagebau

Great Barrier Reef & The beach

Mit einem Smartphone können Sie sich die mit einem 👂 gekennzeichneten Sätze dieses Kapitels anhören.

An Australiens Traumstränden lauern Gefahren. Der white pointer wojt pojnte *(Weiße Hai)* ist jährlich für zwei bis drei Tote in SA und WA verantwortlich. Bleiben Sie an Stränden mit lifeguards lojfgaads *(Rettungsschwimmern)*, erkennbar an den rot-gelben Flaggen.

👂 **It's safe at patrolled beaches between the flags.**
itß ßajf äd pätröüld bejtsches betwejn ~~dh~~e flägs
es'ist sicher an patrouillierten Stränden zwischen die Flaggen
An beaufsichtigten Stränden ist es zwischen den Flaggen sicher.

Do not enter the sea from October to May.
düü nod ente ~~dh~~e ßej from oktöübe tü maj
tue nicht betreten die See von Oktober bis Mai
Von Oktober bis Mai nicht ins Meer gehen!

EG

Warnhinweise am Strand

👂 **Where's the best area to swim with dolphins?**
we'es ~~dh~~e beßt äreje te ßwim wi~~dh~~ dolfenß
wo'ist das beste Gebiet zu schwimmen mit Delfine
Wo kann man am besten mit Delfinen schwimmen?

Do not disturb or remove fossils.
düü nod dißtööb o'e remüüv foßels
tue nicht stören oder entfernen Fossilien
Fossilien berühren / mitnehmen verboten!

(free) beach	(frej) bejtsch	(FKK-)Strand
topless	topleß	oben ohne
ocean – sea	öüschn – ßej	Ozean – Meer
coast – island	köüßt – ojlend	Küste – Insel
bay / cove	baj / köüv	Bucht
peninsula	peninschüüla	Halbinsel

We'd like to charter a boat.
wejd lojkte tschaade e böüt
wir'würden mögen zu chartern ein Boot
Wir würden gerne ein Boot chartern.

When's the whale watching season?
wens dhe wajl wotsching ßejsen
wann'ist die Wal beobachtend Jahreszeit
Zu welcher Jahreszeit kann man Wale beobachten?

I'm feeling seasick.
ojm fejling ßejßik
ich'bin fühlend seekrank
Ich bin seekrank.

Where can you go waterskiing / windsurfing?
we'e kän jüü göü woudeßkejing / windßööfing
wo kannst du gehen Wasserski-fahren / windsurfen
Wo kann man Wasserski laufen / windsurfen?

It's a bit choppy for taking the jet ski out.
itß e bit tschopej fo'e tajking dhe dshet ßkej ä'ut
es'ist ein bisschen böig für nehmend der Jet-Ski raus
Heute sind die Wellen zu heftig, um mit dem Jetski rauszufahren.

Der humpback whale hampbäk wajl *(Buckelwal) verbringt den Winter in polaren Gewässern und kommt zur Brutzeit im Sommer an die Küsten Australiens.*

Der southern right whale ßadhen rojt wajl *verbringt ebenfalls den Sommer in polaren Gewässern und kommt zur Brut-zeit im Winter an die Südküsten Australiens.*

Do not touch or step on coral!
düü nod tatsch o'e ßtep on korel
tue nicht berühren oder treten auf Koralle
Korallen berühren oder betreten verboten!

Viele Meerestiere haben ein tödliches Gift. Selbst an den schönsten Korallen kann man sich böse verletzen. Daher gilt als Faustregel unter Wasser: Absolut nichts anfassen!

blue-ringed octopus blüü ringd oktepüß *(Blauring-Oktopus)*: sein Biss ist tödlich!
cone snail köün ßnajl *(Kegelmuschelschnecke)*: sieht toll aus, ist aber tödlich.
dugong djüügong *(Seekuh)*: einziger pflanzenfressender Meeressäuger.
giant clam dshojent kläm *(Mördermuschel)*: größte Muschel der Welt.
little penguin lidl pänggwen *(Zwergpinguin)*: kleinster Pinguin der Welt.
ray raj *(Rochen)*: der manta ray *(Mantarochen)* erreicht eine Spannweite von 6,5 m.
sea snake ßej ßnajk *(Seeschlange)*: tödlich!
sea lion ßej lojen *(Seelöwe)*
seastar ßejßtaa *(Seestern)*
shark schaak *(Hai)*

I'd like to do an introductory dive, please.
ojd lojkte düü en intredaktrej dojv plejs
ich'würde mögen zu machen ein einführend Tauchgang bitte
Ich würde gern mal Tauchen ausprobieren.

I'd like to go snorkeling on the reef.
ojd lojkte göü ßnoukling on dhe rejf
ich'würde mögen zu gehen schnorchelnd auf das Riff
Ich würde gerne am Korallenriff schnorcheln gehen.

diving gear	Tauchausrüstung	dojving gi'e
dive course	Tauchkurs	dojv kous
gas tank	Gasflasche	gäß tängk
(snorkeling) mask	(Schnorchel-)Maske	(ßnoukling) maaßk
wettie / wetsuit	Neoprenanzug	wedej / wetßjüüt
surf / body board	Surfbrett / Liegebrett	ßööf / bodej boud
hook – sinker	Haken – Schwimmer	hüük – ßingke
(fishing) rod – catch	Angel – Fang	(fisching) rod – kätsch
bait – berley	Köder – Ködermischung	bajt – böölej

How is the surf today?
hä'u is ~~dh~~e ßööf tedaj
wie ist der Brandung heute
Wie sind die Wellen heute?

Perfect waves and nice and sunny.
pööfekt wajvs en nojß en ßanej
perfekt Wellen und schön und sonnig
Perfekte Wellen und schön sonnig.

EG

Strandleben

There're strong currents / rips today.
~~dh~~e'e ßtrong karents / ripß tedaj
dort'sind stark Strömung heute
Heute herrscht eine starke Strömung.

Which fish can we catch?
witsch fisch kän wej kätsch
welche Fische können wir fangen
Welche Fische können wir fangen?

Where can I hire fishing gear?
we'e kän oj hoje fisching gi'e
wo kann ich mieten fischend Ausrüstung
Wo kann ich eine Angelausrüstung mieten?

Sonne, Feuer & Wind

Australien hat verschiedene Klimazonen. Im Süden gibt es vier Jahreszeiten: spring ßpring, summer ßame, autumn oudem, winter winte. Allerdings dauert der Sommer von Dezember bis Februar und der Winter von Juni bis August. Im Norden herrschen dagegen nur zwei Jahreszeiten: the wet ~~dh~~e wet (*Regenzeit*, analog zum Sommer) und the dry ~~dh~~e droj (*Trockenzeit*, analog zum Winter).

What's the highest / lowest temperature here?
wotß ~~dh~~e hojeßt / löüeßt tempretsche hi'e
was is die höchste / niedrigste Temperatur hier
Was ist die Höchst- / Tiefsttemperatur hier?

It's a beautiful day today.
itß e bjüüdefül daj tedaj
es'ist ein schöner Tag heute
Heute ist sehr schönes Wetter.

weather	we~~dh~~e	Wetter
mild – tropical	mojd – tropikel	mild – tropisch
sticky / humid	ßtikej / chjüümed	schwül
breeze	brejs	leichter Wind
sunny – glary	ßanej – gläärej	sonnig, grell
pleasant	plesent	angenehm
terrible	terebl	fürchterlich
the build-up	~~dh~~e bildap	Vor-Regenzeit
sunrise	ßanrojs	Sonnenaufgang

Seit 10.000 Jahren verwenden Aboriginals controlled fires kentröüld fojes *(kontrollierte Feuer) zum Abbrennen der Unterholzes, um größere Feuer zu verhindern und das Wachstum von frischem Grün zu fördern. Die Flora und Fauna hat sich daran angepasst, und daher setzen die Australier diese Praxis seit kurzem wieder fort.*

Let's go and watch the sunset.
letß göü en wotsch ~~dh~~e ßanßet
lass'uns gehen und beobachten der Sonnenuntergang
Lass uns dem Sonnenuntergang zuschauen gehen.

EG

Warnschilder weisen auf den benötigten Sonnenschutz hin

büschfoje	**bushfire**	Buschfeuer
(töüdel) foje bän	**(total) fire ban**	alle Feuer verboten
foje dajndshe	**fire danger**	Feuergefahr
drä'ut - droj	**drought – dry**	Dürre – trocken
löü – modered	**low – moderate**	niedrig – mäßig
(verej) hoj	**(very) high**	(sehr) hoch
ekßtrejm – hot	**extreme – hot**	extrem – heiß

It's as dry as today.
itß äs droj äs tedaj
es'ist trocken wie heute
Es ist heute wirklich sehr trocken.

Sydneys Wahrzeichen: Das Opera House

It's pissing down.
itß pißing dä'un
es'ist pissend herunter
Es giesst in Strömen.

It's really rotten weather today.
itß rejlej roden wedhe tedaj
es'ist wirklich verdorben Wetter heute
Es ist wirklich ein Sauwetter heute.

cloud – cloudy	Wolke – wolkig	klä'ud – klä'udej
overcast – shower	bedeckt – Schauer	öüvekaaßt – schä'ue
rain – rainy	Regen – regnerisch	rajn – rajnej
cool / crisp – nippy	kühl – nasskalt	küül / krißp – nipej
cold – chilly / freezing	kalt – eisig	koud – tschilej / frejsing
snow – hail	Schnee – Hagel	ßnöü – hojl
(flash) flood	(Blitz-)Überflutung	(fläsch) flad
cyclone	Wirbelsturm	ßojklöün
wind – windy – storm	Wind – windig – Sturm	wind – windej – ßtoum
buster	kalter Südwind	baßte
willy willy	Wirbelsturm (Tornado)	wilej wilej
moon – star – planet	Mond – Stern – Planet	müün – ßtaa – pläned
wax – wane	abnehmen – zunehmen	wäkß – wajn
Southern Cross	Kreuz des Südens	ßadhen kroß
star gazing	Sternegucken	ßtaa gajsing
constellation	Sternbild	kenßtelajschn
binocular	Fernglas	bojnokjüle
clear – Milky Way	klar – Milchstraße	kli'e – milkej waj

Aboriginals

Die Aboriginals bewohnen den australischen Kontinent schon seit ca. 40.000 Jahren als Jäger und Sammler. Jede Gemeinschaft hatte ihre Auslegung von der Dreamtime drejmtojm, der Entstehungsgeschichte der Erde, anhand derer die Regeln für das Leben mit der Natur interpretiert wurden. Die Population ist seit Ankunft der Engländer infolge des Verlustes ihrer Nahrungsquellen, Epidemien und Massakern von ca. 1 Mio auf gerade mal etwas mehr als 300.000 geschrumpft.

Aussprache	Englisch	Deutsch
änßeßtrel bejing	**Ancestral being**	Vorfahre der Aboriginals
rajnböü ßööpent	**Rainbow serpent**	Regenbogenschlange (von Aboriginals verehrt)
mi~~th~~	**myth**	Mythos
koreberej	**corroboree**	Treffen von Aboriginal-Clans
ßtourej teling	**story telling**	Geschichten erzählen
ineschiajschn ßeremöünej	**initiation ceremony**	Initiationszeremonie

Zu Beginn des 20. Jahrhunderts wurden Gebiete zu Reservaten erklärt, für deren Betreten man eine Erlaubnis der Aboriginals braucht. Für die Nutzung von Aboriginal-Land als Mine müssen Minengesellschaften den Aboriginals royalty rojeltej *(Nutzungsgebühr)* zahlen.

Heilige Orte der Aboriginals haben mittlerweile ihre alten Namen zurückerhalten: Ayers Rock äjes rok = Uluru ülürüü, The Olgas ~~dh~~ii olges = Kata Tjuta kate tschüte.

Entry with permit only!
entrej wi~~dh~~ pöömid öünlej
Eintritt mit Erlaubnis nur
Eintritt nur mit Genehmigung!

Sorry, I'm looking for a rock art gallery.
ßorej ojm lükin fo'e e rok aat gälerej
Entschuldigung ich'bin suchend für eine Fels Kunst Galerie
Entschuldigung, ich suche einen Felsen mit Malereien von Aboriginals.

All Aboriginal artefacts are protected.
oul äberidshenel aatefäktß aa pröütekted
alle Aboriginal Kunstobjekte sind geschützt
Alle Aboriginal-Funde stehen unter Schutz.

Die meisten Aboriginals leben heute in NT. Aborigine äberidshejnej bedeutet „die Menschen, die von Anfang an da waren". Es gab kein einheitliches Volk von Aboriginals, sondern ca. 500 bis 600 verschiedene Clans mit jeweils eigenen Sprachen. Man bezeichnet sie heute als indigenous people indidshineß pejpel *(Eingeborene)*. Die Aboriginals hatten keine Schriftsprachen. Ihre Informationen überlieferten sie mündlich oder in Form von Malereien.

(paper)bark	(pajpe)baak	Baumrinde
painting	pajnting	Malerei
sand painting	ßänd pajnting	Sandmalerei
carving	kaaving	Schnitzerei

Could you explain this painting to me, please?
küdje ekßplajn ~~dh~~iß pajnting te mej plejs
könntest du erklären dies Gemälde zu mir bitte
Könnten Sie mir bitte dieses Bild erklären?

didgeridoo didsherejdüü: Blasinstrument aus einem durch Termiten ausgehöhlten Ast
clap-sticks kläp ßtikß: zwei kurze Holzstöcke, die man gegeneinanderschlägt
boomerang büümeräng: Holzstück zum Jagen
spear ßpi'e: Speer mit Spitze aus Knochen, Stein, Muschel, verbunden mit einer Sehne

Die Aboriginals auf einer outstation ä'ut-ßtajschn *(Reservat) verdienen kein Geld, sondern bekommen wöchentlich vom Staat* social allowance ßöüschel elä'uenß *(Sozialgeld) zur Verfügung gestellt. Damit Familien von diesem Betrag die lebensnotwendigen Dinge kaufen können, ist in NT am Zahltag und am Tag danach jeglicher Alkholverkauf untersagt. Es soll verhindern, dass die Männer das Geld gleich nach Erhalt versaufen und besoffen ihre Frauen schlagen.*

Traditionell wurden die Malfarben der Aboriginals aus ochre öüke *(Erde mit Eisenoxid = Rost),* clay klaj *(Tonerde),* charcoal tschaaköül *(Holzkohle),* chalk tschouk *(Kalk) und* blood blad *(Blut) gemischt.*

woomera wüümere: Speerschleuder
nulla-nulla nale nale: Holzknüppel
waddie wodej: Kampfstock
coolamon küülemüün: Holzschale zum Graben, und Sammeln
emu egg ejmjüü eg: Emu-Eier werden bemalt und kunstvoll beschnitzt.
burial pole börejel pöül: Beerdigungspfahl der Tiwi-Aboriginals im Norden
bone coffin böün kofen: Knochensarg aus hohlem Baumstamm im Norden

Außer Känguru und Emu aßen die Aboriginals auch Folgendes aus der natürlichen australischen Flora und Fauna:

Die Flagge der Aboriginals hat zwei horizontale Streifen, oben schwarz und unten rot. In der Mitte der Flagge ist ein gelber Kreis. Sie ist das nationale Symbol aller Aboriginals. Außerdem gibt es noch eine Flagge der Torres-Strait-Insulaner.

honey-pot ant hanejpot änt *(Honigtopfameise):* hat im Hinterteil Honigtau zum Lutschen
bungarra banggäre: essbare Echsenart
yolla jole: Vogelart, auch muttonbird madenbööd genannt, weil sie lammähnlich schmeckt
witchetty (wijuti) grub witschedej grab: essbare Made aus den Wurzeln der *Acacia kempeana*
quandong kwondong: Frucht einer Sandelholzart mit viel Vitamin C
Illawarra plum ileware plam: Frucht einer Pinienart mit viel Vitamin C
wattle seed wodl ßejd *(Akaziensamen):* werden zu Mehl gemahlen und zu Keksen gebacken
cabbage tree palm käbedsh trej paam: junge weiße Blätter schmecken wie Kastanien
red hops red hopß *(roter Hopfen):* wurde von den ersten Siedlern wie Spinat gekocht

Where can I taste bush tucker?
we'e kän oj tajßt büsch take
wo kann ich kosten Busch Essen
Wo kann ich Buschessen probieren?

Is this fruit edible?
is ~~dh~~iß früüt edebl
ist dies Frucht essbar
Ist diese Frucht essbar?

Feiern & Freizeit

Feste feiern wie sie fallen, das tun die Australier gerne. Die public holidays pablik holedajs *(öffentlichen Feiertage)* gelten für alle:

New Year's Day njüü ji'es daj: Neujahrstag
Australia Day eßtrajlje daj: 26. Januar. Gedenktag an die Landung der Ersten Flotte mit Strafgefangenen in 1788 in Port Jackson.
Canberra Day känbre daj: zweiter Montag im März, nur in ACT.
Easter ejßte: *Ostern*
ANZAC Day änsäk daj 25. April. Gedenktag an die Gefallenen des Australia / New Zealand Army Corps im 1. Weltkrieg bei Gallipoli, Türkei.
Queen's birthday kwejns böö~~th~~daj: Geburtstag der britischen Queen am zweiten Montag im Juni, aber in WA um den 30.9 herum.
Bank Holiday bängk holedaj 1. Augustmontag in ACT, NSW, und am 14. April in TAS.

Für alle Feiertage mit festem Datum gilt, dass, wenn sie auf einen Sonntag fallen, auf den darauffolgenden Montag verlegt werden.

Labour Day lajbe daj: Tag der Arbeit, 1. Oktobermontag in SA, NSW, ACT; 1. Maimontag in QLD, NT; 2. Märzmontag in VIC; 1. Märzmontag in WA, TAS.
Christmas Day krißmeß daj: Weihnachtstag, am 25.12.
Boxing Day bokßing daj: 26. Dezember

On which date is Easter this year?
on witsch dajt is ejßte ~~dh~~iß ji'e
auf welches Datum ist Ostern dies Jahr
Wann ist Ostern dieses Jahr?

Viel schöner sind jedoch die Festivitäten bei den allgegenwärtigen mehrtägigen Royal shows rojel schöüs *(Landwirtschaftsausstellungen)*.

rojds	**rides**	Kirmesattraktionen
schöübäg	**showbag**	Tasche mit Süßigkeiten und Spielzeug für Kinder
schöüdshamping	**showjumping**	Springreiten
röüdejöü	**rodeo**	Rodeo
perajd	**parade**	(Tier-)Parade
schi'ering	**shearing**	Schafschur
fojewöökß	**fireworks**	Feuerwerk
dshadshing	**judging**	Prämierung von Vieh und Pflanzen

How much are the tickets for the show?
hä'u matsch aa ~~dh~~e tiketß fo'e ~~dh~~e schöü
wie viel sind die Tickets für die Show
Wie viel kosten die Eintrittskarten für die Show?

In einer Kneipe

family ticket	Familieneintrittskarte	fämlej tiket
adults	Erwachsene	ädaltß
children	Kinder	tschildren
pensioners / seniors	Rentner	pänschnes / ßejnjes
groups	Gruppen	grüüpß

Where are the Showgrounds?
we'e aa ~~dh~~e schöügrä'unds
wo sind die Showterrain
Wo findet die Show statt?

When is the Royal Darwin Show / the Cup?
wen is ~~dh~~e rojel daawen schöü / ~~dh~~e kap
wann ist die königliche Darwin Show / der Pokal
Wann ist die Royal Darwin Show / der Melbourne Cup?

exhibition	ekßebischn	Ausstellung
art – craft	aat - kraaft	Kunst – Handwerk
gallery	gälerej	Galerie
museum	mjüüsejem	Museum
sculpture	ßkalptsche	Skulptur
pottery	poderej	Keramik
drawing	drä'uing	Zeichnung
opera – ballet	opre - bäläj	Oper – Ballett
cinema – film	ßineme - film	Kino – Film
concert	konßööt	Konzert
play	plaj	Theaterstück
aisle – row	ojl - röü	Gang - Reihe
stage	ßtajdsh	Bühne

Film (Kino) wird auch amerikanisch movie (theatre) müüvej (~~th~~ejede) *oder britisch* picture (theatre) piktsche (~~th~~ejede) *genannt.*

What are the opening hours?
wodaa ~~dh~~ii öüpening ä'ues
was sind die öffnend Stunden
Wie sind die Öffnungszeiten?

The Show is open until 10 at night.
~~dh~~e schöü is öüpen antil ten äd nojt
die Show ist offen bis zehn bei Nacht
Die Show ist bis 22 Uhr geöffnet.

Where's the ticket office?
we'es ~~dh~~e tiket ofiß
wo'ist das Ticket Büro
Wo ist der Kartenverkaufsschalter?

What's on at the theatre today?
wotß on äd ~~dh~~e ~~th~~ejede tedaj
was'ist an bei der Theater heute
Was läuft heute am Theater?

Who's playing?
hüüs plajing
wer'ist spielend
Wer spielt?

Who's it made by?
hüü isid majd boj
wer ist es gemacht durch
Von wem ist es?

band – singer	bänd – ßinge	Band – Sänger(in)
actor (actress)	äkte (äktreß)	Schauspieler(in)
artist	aadißt	Künstler(in)
composer	kempöüse	Komponist(in)
dancer	daanße	Tänzer(in)
director	dojrekte	Regisseur(in)
musician	mjüüsischn	Musiker(in)

South Australia hat es sogar auf seinem Nummerschild stehen: the Festival State ~~dh~~e feßtevel ßtajt *(der Festivalstaat). Es wimmelt nur so von Festivals in Australien. Dazu gehören in den meisten Staatshauptstädten das* Fringe festival frinsh feßtevel *(Kultur- und Musikfestival),* the Big Day Out ~~dh~~e big daj ä'ut *(alternatives Musikfestival), und nur in Sydney der schwul-lesbische* Mardi gras maadej graa *(Karneval).*

Zu den großen Vergnügen im Outback gehören auch die B & S balls bejen eß bouls, also Kennenlern-Partys für bachelor and spinster bätschele en ßpinßte *(Junggeselle und Junggesellin).*

I'd love to go out tonight.
ojd lavte göü ä'ut tenojt
ich'würde lieben zu gehen aus zu-Nacht
Ich würde heute Abend gerne ausgehen.

How about we go dancing?
hä'u ebä'ut wej göü daanßing
wie über wir gehen tanzend
Wie wär's wenn wir tanzen gehen?

bar – pub	baa – pab	Bar – Kneipe
club	klab	Klub
nightclub	nojtklab	Nachtclub
disco	dißköü	Disco
live music	lojf mjüüsik	Livemusik

How much is the cover charge?
hä'u matsch is ~~dh~~e kave tschaadsh
wie viel ist der Deckung Kosten
Wie viel kostet der Eintritt?

What kind of music do they play?
wod kojndef mjüüsik düü ~~dh~~ej plaj
was Art von Musik tun sie spielen
Welche Art von Musik spielen sie dort?

Sport & Glück

Die Australier sind ein sportverrücktes Volk. Allen voran geht es dabei um cricket kriked *(Cricket)* und footy füdej *(australischer Fußball)*. Doch alljährlich hält sie auch das wichtigste Pferderennen in Atem: Melbourne Cup melben kap. Jeder platziert dann seine Wette und hofft auf eine Glückssträhne.

Eine Besonderheit sind chook raffles tschük räfels *(Hühnchentombolas). Mit einem in der Kneipe gekauften Los kann man bei einer Verlosung ein gefrorenes Huhn, einen Kasten Bier oder Grillfleisch gewinnen.*

Bets please.
betß plejs
Wetten bitte
Wetten, bitte.

Make your bet, please.
majk je bet plejs
mache dein Wette bitte
Platzieren Sie Ihre Wette, bitte.

TAB	täb / tej aj bej	Wettbüro
bookie	bükej	Buchmacher
good / bad trot	güd / bäd trot	Glück / Pech
hoop	hüüp	Jockey
racetrack	rajßträk	Rennbahn
pokies	pöükejs	Spielautomat
chips	tschipß	Spielchips
casino	keßejnöü	Kasino

Do you play any sports?
djüü plaj enej ßpoutß
tun du spielen irgendein Sporte
Übst du irgendeinen Sport aus?

I play soccer / do yoga / go climbing.
oj plaj ßoke / düü jöüge / göü klojming
ich spiele Fußball / mache Yoga / gehe kletternd
Ich spiele Fußball / mache Yoga / klettere.

climbing	klojming	Klettern
cycling	ßojkling	Radfahren
hockey	hokej	Hockey
soccer	ßoke	Fußball
rugby	ragbej	Rugby
basketball	baaßketboul	Basketball
volleyball	volejboul	Volleyball
skiing	ßkejing	Skifahren
golf	golf	Golf
netball	netboul	Netzball
squash	ßkwosch	Squash
tennis	tenniß	Tennis

Wenn man an der Ostküste football fütboul *spielt, meint man damit* rugby, *im Süden und im Westen hingegen* Australian rules football. *Unser Fußball nennt sich* soccer *und ist vor allem bei Australiern italienischer und sonstiger südeuropäischer Herkunft sehr beliebt.*

Cricket – cricket kriked

Es erinnert irgendwie an Baseball, aber jedes Spiel dauert sehr viel länger, und die meiste Zeit geschieht gar nichts. In der Mitte des oval öüvel *(ovales Spielfeld)* befindet sich der pitch pitsch *(Schlagbereich)*, auf dem zwei wickets wiketß stehen. Jede Mannschaft besteht aus elf Spielern. Von der Mannschaft am Schlag sind zwei batsmen bätßmen *(Schlagmänner)* auf dem Feld,

Beim Sport sieht man häufig das australische Wappen in den Nationalfarben green and gold grejn en goud *(grün und gold).*

von der Gegenmannschaft ein bowler böüle *(Werfer)*, ein wicket-keeper wiket kejpe *(Ballfänger)* und neun fielders fejldes *(Feldspieler)*. Immer wenn der Schlagmann den Ball trifft, rennen die beiden Schlagmänner zwischen den wickets hin und her. Jeden vollendeten Tausch nennt man run ran *(Lauf)*. Die Gegenmannschaft im Feld versucht den Ball zu fangen, bevor der Lauf vollendet ist, denn dann gilt der Lauf nicht, der Schlagmann ist draußen und darf in diesem innings inings *(Spieldurchgang)* nicht mehr spielen. Wenn zehn der elf Spieler draußen sind, ist der Durchgang beendet, und die Gegenmannschaft ist dran. Wer am Ende die meisten runs hat, hat gewonnen.

bäd – boul	**bat – ball**	Schläger – Ball
päds – bokß	**pads – box**	Schienbeinschoner – Penisschutz
glavs	**gloves**	Handschuhe
wiket	**wicket**	drei senkrechte Stäbe (stumps ßtampß), auf denen zwei kurze Querhölzer (bails bajlß) liegen.
krejß	**crease**	Linie um die wickets herum
öüve	**over**	nach sechs geworfenen Bällen
ran ä'ut	**run-out**	wenn der Ball gefangen wird, bevor der run vollendet ist
bä'underej	**boundary**	Schlag aus dem Feld: vier runs, ohne Bodenberührung: sechs runs
öüvethröü	**overthrow**	run, bei dem der fielder leider am wicket-keeper vorbeiwarf
schout ran	**short run**	zu kurzer, daher ungültiger run
teßt mätsch	**test match**	mehrtägiger Wettkampf
wan daje	**one dayer**	Eintageswettkampf

AT

Im Cricket-Stadion

Avagoyermug! (= Have a go, you mug!)
äve göü jemag
haben ein gehen du Idiot
Jetzt mach schon!

Aussie, Aussie, Aussie, oy, oy, oy!
osej osej osej oj oj oj
Australier, Australier, Australier, go, go, go!
(Schlachtruf der Australien-Fans)

What does that mean?
wod das ~~dh~~äd mejn
was tut das bedeuten
Was bedeutet das?

Who's winning?
hüüs wining
wer'ist gewinnend
Wer gewinnt?

The poms lost again.
~~dh~~e poms loßt egän
die Engländer verloren wieder
Die Engländer haben wieder verloren.

Unnachahmlich: Der umpire ampoje *(Schiedsrichter) in weißer Kleidung, mit weißem Hut und Handschuhen, deren Bewegungen stark an das Ziehen eines Revolvers erinnern.*

Australischer Football – footy füdej

Nein, es ist kein Fußball, auch nicht American Football, auch kein Rugby, es ist anders! Zwei Mannschaften à 18 Spieler spielen auf einem oval öüvel *(ovalen Feld)* mit dem footy füdej *(eiförmigen Ball)* für 4 x 20 Minuten. Wer die meisten goals göüls *(Tore)* hat, gewinnt. Ein Torschuss zwischen die zwei goal posts göül pöüßtß *(innere Torpfosten)* zählt sechs Punkte. Nur einen Punkt bekommt man für einen behind behojnd. Der Ball darf mit dem Fuß gekickt oder volley gespielt werden, nicht aber geworfen. Wer mit dem Ball rennt, muss ihn handballartig auftitschen lassen. Die Gegenmannschaft versucht, dem Spieler den Ball mit einem tackle täkl *(Angriff)* zu entreißen.

Ein behind *ist ein Tor entweder 1) ohne Fußkick erzielt, 2) an den* goal posts *vorbei, aber innerhalb der* point posts pojnt pöüßtß *(äußeren Torstangen), 3) bei dem der Ball einen der* goal posts *berührt hat, 4) bei dem der Ball vorher einen anderen Spieler berührt hat.*

ruckman rakmän: großer Spieler, der springt, um den Ball einem kleinen rennenden Spieler zuzukicken

full forward fül fouwed: Spieler an der Vorderlinie, der die Tore schießt

mark maak: Fang des Balls, wenn er weiter als 10 m geflogen ist

free-kick frej kik Freistoß als Belohnung für einen mark

50-meter-penalty fiftej mejde peneltej: 50-Meter-Strafstoß

out of bounds on the full ä'utef bä'unds on dhe fül: Ball fliegt ohne Berührung ins „Aus", danach Freistoß für die andere Mannschaft

guernsey göönßej Trikot

Danach ist alles Taktik, aber das lassen Sie sich am besten von einem Australier beim Spiel erklären.

Can you explain the game to me, please?
kän jüü ekßplajn ~~dh~~e gajm tü mej plejs
kannst du erklären das Spiel zu mir bitte
Kannst du mir bitte das Spiel erklären?

Und zum ungeduldigen Anfeuern:

Caaarn! (= Come on!)
kaaaan
komm auf
Komm schon! / Mach! / Schieß!

Geld, Post, Telefon

Die Währung nennt sich dollar dole *(Dollar)*, und kleinere Einheiten sind 5, 10, 20, 50 cent ßent *(Cent)*. Aber wer in Australien reist, braucht nicht unbedingt Bargeld in der Hand zu haben, denn die credit card kredid kaad *(Kreditkarte)* wird fast überall akzeptiert. Das hat auch den Vorteil, dass Kreditkartengesellschaften üblicherweise günstiger abrechnen als die Bank.

I'd like to withdraw $1000.
ojd lojkte wi~~dh~~drou wan ~~th~~ä'usend doles
ich'würde mögen zu abheben Dollar-1000
Ich möchte gern 1000 Dollar abheben.

How would you like it?
hä'u wüdje lojk id
wie würde du mögen es
Wie möchten Sie es haben?

Smaller notes, please.
ßmoule nöütß plejs
kleinere Scheine bitte
In kleineren Scheinen, bitte.

bängk – aj tej em	**bank – ATM**	Bank – Geldautomat
nöüt	**note**	Geldschein (5, 10, 20, 50, 100), aus Plastik
kojn – tschajnsh	**coin – change**	Geldstück – Wechselgeld
träveles tschek	**travellers cheque**	Reisescheck
käsch in edvaanß	**cash in advance**	Vorauszahlung *(wenn Sie Ihre Geheimnummer vergessen haben)*
karenßej – reßejt	**currency – receipt**	Währung – Quittung
ekßtschajnsh rajt	**exchange rate**	Wechselkurs

Post – post pöüßt

stamp	ßtämp	Briefmarke
postcode	pöüßtköüd	Postleitzahl
package	päkedsh	Paket
parcel	paaßl	Päckchen
letter	lede	Brief
(post)card	(pöüßt)kaad	Postkarte
post restante	pöüßt reßtaant	postlagernd
PO box	pej öü bokß	Postfach
letter box	lede bokß	Briefkasten

I'd like some stamps to post this to Germany.
ojd lojk ßam ßtämß te pöüßt dhiß te dshöömenej
ich'würde mögen einige Briefmarken zu schicken dies zu Deutschland
Ich möchte gerne Briefmarken kaufen, um das nach Deutschland zu schicken.

How much do you need to put on there?
hä'u matsch djüü nejd te püt on dhe'e
wie viel tun du brauchen zu legen auf dort
Wie viel muss man da drauf kleben?

I'd like to post this letter, please.
ojd lojkte pöüßt dhiß lede plejs
ich'würde mögen zu Post-aufgeben diesen Brief bitte
Ich möchte diesen Brief verschicken.

Wer die Kommunikation per E-Mail vorzieht, kann dies in einem Internetcafe erledigen. Der Preis pro Zeiteinheit ist in der Regel angeschrieben.

I'd like to check my e-mail!
ojd lojk te tschek moj ejmajl
ich würde mögen zu prüfen mein E-Mail
Ich möchte gern meine Mails abrufen

Telefon – phone föün

Could I make a phone call please?
küdoj majk e föün koul plejs
kann ich machen ein Telefon Anruf bitte
Darf ich mal telefonieren?

I need to phone / ring / call a hotel.
oj nejte föün / ring / koul e höütel
ich brauchen zu anrufen ein Hotel
Ich muss ein Hotel anrufen.

Wenn man länger in Australien bleibt, lohnt sich eine phonecard föünkaad *(Telefonkarte). Diese gibt es am Flughafen, im Supermarkt, im Zeitungsladen usw. zu kaufen.*

Für public phones pablik föüns *(öffentliche Telefone)* ist die Gesellschaft Telstra telßtre zuständig. Auf allen Telstra-Telefonen gibt es fünf Tasten, deren Funktionen ganz hilfreich sind:

EG

Card Changeover	Wechseln der Karte
Volume Control	Regeln der Lautstärke
Language Selection	Wahl der Sprache
Follow on	Kredit wird für nächstes Gespräch gutgeschrieben
Insert card	Karte einführen
Minimum fee 40c	Mindesteinwurf 40 Cent

Zoll, Botschaft & Polizei

Die Einfuhrbestimmungen sind sehr strikt in Australien. Sie müssen alle Lebensmittel, Pflanzen und Holzprodukte deklarieren und im Pechfall gleich wegwerfen; sogar der Dreck an den Schuhsohlen wird inspiziert.

immigration	imigrajschn	Einreise
customs	kaßtems	Zoll
passport	paaßpout	Reisepass
application	äplekajschn	Antrag
form – photo	foum – föüdöü	Formular – Foto
embassy	embeßej	Botschaft

I'd like to claim back GST on these bills.
ojd lojkte klajm bäk dshej eß tej on dhejs bils
ich'würde mögen zu deklarieren zurück Mehrwertsteuer auf dies Rechnungen
Ich würde gerne die Mehrwertsteuer für diese Rechnungen zurückerhalten.

GST *können Sie bei Ausreise zurückfordern, wenn Sie mehr als $300 auf einem Bon augewiesen haben und die Ware vorzeigen können.*

My luggage was stolen.
mej lagidsh wos ßtöülen
mein Gepäck war gestohlen
Mein Gepäck ist gestohlen worden.

suitcase – bag	ßjüütkajß – bäg	Koffer – Tasche
backpack	bäkpäk	Rucksack
purse	pööß	Portmonnee
wallet	woled	Brieftasche

I'd like to extend my visa.
ojd lojkte ekßtend mej vejse
ich'würde mögen zu verlängern mein Visum
Ich möchte gern mein Visum verlängern.

How much longer do you plan to stay?
hä'u matsch longge djüü plän te ßtaj
wie viel länger tun du planen zu bleiben
Wie lange wollen Sie noch bleiben?

EG

Falls Sie zu schnell fahren, hält Sie vielleicht ein police officer pelejß ofeße *(Polizist)* an. Ein „Bulle" ist ein copper kope oder fuzz fas.

May I see your driving license, please?
maj oj ßej je drojving lojßenß plejs
darf ich sehen dein fahrend Lizenz bitte
Kann ich bitte Ihren Führerschein sehen?

Sie brauchen übrigens je nach Bundesstaat keinen internationalen Führerschein in Australien, der Europäische reicht meist aus. Im seltenen Falle eines Feuers sollten Sie die fire brigade foje bregajd *(Feuerwehr)* auf der emergency phone number emöödshenßej föün nambe *(Notfallnummer)* 000 anrufen.

Erste Hilfe & Krank sein

Am wichtigsten ist es, sich vor der Sonne zu schützen. Halten Sie es ganz nach dem Slogan der australischen Regierung:

SLIP, SLOP, SLAP = Slip on a shirt, slop on some sunscreen and slap on a hat!
ßlip ßlop ßläp = ßlip on e schööt ßlop on ßam ßanßkrejn en ßläp on e häd
schlüpfen auf ein Shirt kleckern auf etwas Sonnenmilch und setzen auf ein Hut
Shirt, Sonnenschutz und Hut gebrauchen!

sunscreen	Sonnenmilch	ßanßkrejn
sunburn cream	Sonnenbrandcreme	ßanböön krejm
insect repellent	Insektenschutzmittel	inßekt repelend
condom	Kondom	kondem
pain-reliever	schmerzstillendes Mittel	pajn relejve
antiseptic	Antiseptikum	änteßeptik
antibiotic	Antibiotikum	äntebojodik
electrolyte powder	Elektrolytpulver	elektröülojt pä'ude
(elastic) bandage	(elastischer) Verband	(eläßtik) bändedsh
bandaid – gauze	Pflaster – Mull	bändajd - gous
first aid tape	Leukoplast	fööBt ajd tajp
scissors – tweezers	Schere – Pinzette	ßises - twejses
safety pin	Sicherheitsnadel	ßajftej pin
antivenom	Gegengift	äntevenem
doctor – dentist	Arzt – Zahnarzt	dokte - dentißt
hospital / clinic	Krankenhaus	hoßpedel / klinik
chemist	Apotheke	kemißt
ambulance	Krankenwagen	ämbjelenß

Go and see a quack!
göü en ßej e kwäk
gehe und sehe ein Quacksalver
Geh zum Arzt!

It hurts here.
id höötß hi'e
es wehtun hier
Es tut hier weh.

Eine weitere Bezeichnung für einen Arzt ist GP dshej pej *(Abkürzung von* general practitioner*).*

I've got a tooth ache.
ajv god e tüü~~dh~~ajk
ich'habe bekommen ein Zahn Schmerzen
Ich habe Zahnschmerzen.

I have a cough / cold / the flu.
aj häve kof / koud / ~~dh~~e flüü
ich habe ein Husten / Erkältung / die Grippe
Ich habe Husten / eine Erkältung / Grippe.

Erste Hilfe & Krank sein

Vielleicht kennen Sie die Fernsehserie Flying Doctors flojing doktes *(Fliegende Ärzte)? Nun, die gibt es wirklich, denn in den entlegenen Gebieten gäbe es sonst keine ausreichende ärztliche Versorgung. Es gibt den* Royal Flying Doctor Service rojel flojing dokte ßööviß *(Königlichen Dienst der Fliegenden Ärzte),* Flying Surgeon flojing ßöödshen *(Fliegende Chirurgen) und die* Aerial Ambulance erejel ämbjelenß *(Luft-Krankenrettung).*

Hier nur Körperteile, auf die Sie nicht zeigen können, der Rest ist in der Wörterliste.

stomach	ßtamek	Magen
head – throat	hed – throüd	Kopf – Kehle
bone	böün	Knochen
muscle	maßl	Muskel
vagina	vedshojne	Vagina
penis	pejneß	Penis
kidney – bladder	kidnej – bläde	Niere – Blase
uterus	jüüdereß	Gebärmutter
lungs – heart	langs – haat	Lunge – Herz

I recently had a heart attack / surgery.
oj rejßentlej häde haadeták / ßöödsherej
ich kürzlich hatte ein Herz Attacke / Operation
Ich hatte vor kurzem einen Herzanfall / eine Operation.

It's itching / burning.
itß itsching / bööning
es'ist juckend / brennend
Es juckt / brennt.

I've got a rash / an infection.
ojv gode räsch / en infekschn
ich'haben bekommen ein Ausschlag / eine Infektion
Ich habe einen Ausschlag / eine Entzündung.

I still have a high temperature.
oj ßtil häve hoj tempretsche
ich noch habe eine hohe Temperatur
Ich habe noch erhöhte Temperatur.

I've got a very painful blister / bruise.
ojv gode verej pajnfel blißte / brüüs
ich'habe bekommen ein sehr schmerzhaft Blase / Prellung
Ich habe eine sehr schmerzhafte Blase / Prellung.

I think this is sprained / broken.
oj thingk dhißis ßprajnd / bröüken
ich glaube dies ist gezerrt / gebrochen
Ich glaube das ist gezerrt / gebrochen.

I fell / slipped from the pushie / rock.
oj fel / ßlipt from dhe püschej / rok
ich fiel / rutschte von das Fahrrad / Felsen
Ich bin vom Fahrrad gefallen / Felsen gerutscht.

I've been bitten by a spider / tick.
ojv bejn biden boj e ßpojde / tik
ich'habe gewesen gebissen durch ein Spinne / Zecke
Ich wurde von einer Spinne / Zecke gebissen.

Sollten Sie schon mit Schmerzen in den Beinen in Australien ankommen, könnte es sich um eine thrombosis thromböüßiß *(Thrombose) handeln. Gehen Sie sofort zum Arzt!*

Hier eine Liste an Übeltätern, bei denen Maßnahmen zu ergreifen sind. Bei Nicht-Allergikern reicht es, die Wunde mit Eis zu kühlen:

green ant	Ameise mit grünem Hintern	grejn änt
bull ant	sehr große Ameise	bül änt
red-back spider	schwarze Spinne mit rotem Fleck auf dem Rücken	redbäk ßpojde
house spider	schwarze Hausspinne	hä'uß ßpojde
scorpion	Skorpion	ßkoupjen
centipede	Hundertfüßler	ßendepejd

I've been stung by a bee / wasp.
ojv bejn ßtang boj e bej / woßp
ich'habe gewesen gestochen bei eine Biene / Wespe
Ich wurde von einer Biene / Wespe gestochen.

I'm feeling sick / allergic to bees.
ojm fejling ßik / elöödshik tü bejs
ich'bin fühlend krank / allergisch zu Bienen
Ich fühle mich nicht wohl / bin gegen Bienen allergisch.

I had to vomit.
oj hädte vomid
ich hatte zu kotzen
Ich musste mich übergeben.

Bisswunde nicht aussaugen oder auswaschen! Wenn möglich, das Tier zur Identifizierung mitnehmen.

Sobald jemandem übel wird, ist es etwas Schlimmeres. Viele der australischen Spinnen haben ein für Menschen tödliches Gift. Legen Sie sofort einen Druckverband an der Bisswunde an, damit der Eintritt des Giftes in die Blutbahn verlangsamt wird. Der Patient sollte nicht bewegt werden!

Can you go and get help, please?
kän jüü göü en ged help plejs
kannst du gehen und bekommen Hilfe bitte
Kannst du bitte Hilfe holen?

You need to apply a pressure bandage.
jüü nejd te eploj e presche bändedsh
du brauchen zu anwenden ein Druck Verband
Du solltest einen Druckverband anlegen.

funnel-web spider	Trichterspinne	fanelweb ßpojde
cone snail	Kegelschnecke *(Meer)*	köün ßnajl
blue ringed octopus	Blauring-Oktopus	blüü ringd oktepüß
brown snake	Braunschlange	brä'un ßnajk
spotted mulga	Mulgaschlange	ßpoded malge
butler's snake	Butler-Schlange	batles ßnajk
death adder	Todesnatter	de~~th~~ äde
sea snake	Seeschlange	ßej ßnajk
taipan	Taipan *(Schlange)*	tojpaan
tiger snake	Tigernatter	tojge ßnajk
Stephen's snake	Stephens Schlange	ßtejvens ßnajk

My skin was burned by box jellyfish's tentacles.
mej ßkin wos böönd boj e bokß dshelejfisches tentekels
meine Haut war verbrannt bei Kasten Geleefisch'sein Tentakeln
Meine Haut wurde von Quallententakeln verbrannt.

Do you have crushed ice?
düü jüü häv kraschd ojß
tun du haben zerstoßenes Eis
Hast du Eisbrocken?

There are leeches all over me!
~~dh~~e'e aa lejtsches oul öüve mej
dort sind Blutegel all über mir
Da sind lauter Blutegel auf meinem Körper!

Keine Panik, einfach vorsichtig abziehen oder aber warten, bis sie von selbst herunterfallen!

Waschen Sie die von den Tentakeln der Qualle betroffenen Körperstellen mit vinegar vinege *(Essig) ab und machen Sie* artificial respiration aadefischel reßpe-rajschn *(Mund-zu-Mund-Beatmung)!*

Bei allen anderen Quallenarten die Wunden einfach mit Meerwasser abwaschen und in ice ojß *(Eis) packen!*

Wörterliste Deutsch – Australisch

*Hinter unregelmäßigen Tätigkeitswörtern * ist die Form der einfachen Vergangenheit und der vollendeten Gegenwart angegeben; steht nur eine Form in Klammern, sind beide Formen identisch. Bei Hauptwörtern steht die unregelmäßige Mehrzahlform in Klammern. Im australisch-deutschen Teil sind unregelmäßige Formen von Tätigkeitswörtern alphabetisch einsortiert.*

A

ab off
abbiegen turn
abdecken cover
Abend evening
aber but
Abflug take-off
Abfluss drain
abheben (Geld) withdraw
abnehmen (Gewicht) loose weight; **(Mond)** wane
abreisen leave* *(left)*
absagen cancel
Abteilung department
Abtreibung abortion
Abzeichen badge
Acht geben beware of* *(nur Gegenwart!)*
achten auf pay attention
Achtung watch out
Adresse address
ähnlich similar to
alle all
allein alone
alles everything
allgemein general
als (Vergl.) than; **(zeitl.)** when
also then
Alter age
älter elder, older
Ampel lights *Mz.*
an (bei) at; **(Gerät)** on
anbieten offer
anders different, else
anfangen begin* *(began, begun)*
angenehm pleasant
Angestellte(r) employee
angreifen attack
Angst fear
anhalten stop
ankommen arrive
Ankunft arrival
annehmen accept; **(vermuten)** suppose
Anruf call
anrufen call, phone
anschnallen fasten seat-belt
anstecken infect
Antrag application
Antwort answer
antworten answer
Anwalt lawyer
anziehen put on, get dressed
Apotheke chemist's
Arbeit work
arbeiten work
Arbeitgeber employer
Architekt architect
argumentieren argue
arm poor
Art kind, type, **(Tier)** species
Arzt doctor
Assistent assistant
Atem breath
atmen breathe
Aubergine eggplant
auch also, too
auf (örtl.) on; **(offen)** open
aufbewahren store
Aufbewahrung storage
aufblasbar inflatable
Aufenthalt stay
aufhalten, sich be

aufheben pick-up *Boden*
aufhören stop
aufstehen get* up *(got)*
auftragen apply
aufwachen wake* up *(woke, woken)*
aufwärmen reheat
Auge eye
aus (örtl.) from; **(heraus)** out; **(Gerät)** off
Ausfahrt exit
ausfüllen fill in
ausgraben dig out
Auskunft information
Ausländer foreigner
Ausrede excuse
ausrutschen slip
Ausschlag rash
aussehen look
außer (es sei denn) unless
Aussicht view
Aussprache pronunciation
aussteigen get* off *(got)*
Ausstellung exhibition
aussuchen pick
Ausweis identity card, ID
ausziehen take* off *(took, taken)* one's clothes
Autor author, writer
Avokado avocado

B

Bach creek
baden bathe
bald soon
Bargeld cash
Bart beard
bauen build* *(built)*
Baum tree
Beamte(r) civil servant
beantragen apply
Becher cup
Bedürfnis need
beeilen hurry (up)
beenden finish
begleiten accompany
Begleitung company
behalten keep* *(kept)*
bei at
Bein leg
Beispiel example
beißen bite * *(bit, bitten)*
bekannt (allgemein) well-known; **(persönl.)** familiar
bekommen get* *(got)*
beliebt popular
bemühen, sich try
Bemühung effort
benachrichtigen inform
beobachten observe, watch
Beobachtung observation
bequem comfortable
berechnen charge
Berg mountain
berichten report
berühmt famous
berühren touch
beschädigen damage
beschäftigt busy
beschreiben describe
Beschreibung description
beschweren complain
besetzt engaged
besichtigen visit
Besitzer owner
besoffen pissed, tanked
besser better
beste best
Besteck cutlery
besuchen visit
Besucher visitor
Bett bed
Bettlaken bedsheet
beurteilen judge
Bevölkerung population
bevor before
bevorzugt favourite
bewusstlos unconscious
bezahlen pay
Bier beer
Bild picture, painting
bilden form
Bildung education
billig cheap
binden strap
Biologie biology
bis (örtl.) to; **(zeitl.)** until
bisschen, ein a bit, a tad
Bissen bite
Bitte favour
bitten ask for
bitter bitter
Blase (Haut) blister; **(Harn-)** bladder
blasen blow* *(blew, blown)*
blass pale
Blatt (Baum) leaf; **(Papier)** sheet
bleiben stay
Blitz (Foto) flash; **(Gewitter)** lightning
Blume flower
Blumenkohl cauli(flower)
Blut blood
Boden (Erde) ground
Bohnen beans *Mz.*
Bok Choy buk choy
Boot boat, ship
Brand fire
braten fry, roast
Brauch custom
brauchen need
brauen brew
braun brown; **(Haut)** tanned

brechen break* *(broke, broken)*
bremsen brake
brennen burn
Brille glasses *Mz.*
bringen bring* *(brought)*
Brokkoli broccoli
Brust breast, **(-korb)** chest
Buch book
buchen book
buchstabieren spell
Bucht cove, bay
Buchung booking
Bühne stage
Büro office
Busch bush, scrub
Buschfeuer bushfire

C

Chance chance
Chemie chemistry
Chemiker chemist
Chirurg surgeon

D

da (dort) there; **(weil)** since
Dach roof
daher therefore
damit in order to
Dampf steam
danach afterwards
danke thank you, thanks, ta
danken thank
dann then
darum therefore
dass that
Datum date
dauern take* *(took, taken)*
Daumen thumb
Decke blanket
denken think* *(thought)*; **(meinen)** reckon
deshalb therefore
dick (Ding) thick; **(Person)** fat
Diebstahl theft
dies this, these *Mz.*
Ding thing(ie); **(Teil)** item
direkt straight
Direktor director
Dokument document
Dolmetscher translator
doppel double
Dorf village
Dorn thorn
dort there
Dose tin(nie)
draußen outside
drehen turn
dringend urgent
dritte third
Druck pressure
drücken push
dunkel dark
dünn (schlank) slim; **(Ding)** thin
durch (hin-) through, thru; **(kausal)** by
durchfallen fail
Durchschnitt average
dürfen may* *(might)*
Dürre drought
Durst thirst
durstig thirsty
duschen take* a shower *(took, taken)*
Dutzend dozen

E

eben flat
Ebene plain
echt real(ly)
Ecke corner
eigene own
Eigentum property
einander one another
Eindruck impression
einfach (zu tun) easy; **(simpel)** plain; **(Adv.)** simply
einführen (Karte) insert
Einführungs- introductory
einige a couple / few, some
einigermaßen reasonably
einkaufen shop
Einkommen income
einladen invite
Einladung invitation
einmal once
einschließen (inklusive) include; **(einsperren)** lock in
einsteigen get* in *(got)*
eintreten enter, go* in *(went, gone)*
einverstanden o.k., alright
einwickeln wrap
Einwohner inhabitant
Eiter pus
elastisch elastic
Elektriker electrician
empfangen get* *(got)*
empfehlen recommend
Ende end
Energie energy
eng narrow; **(Kleidg.)** tight
entfernen remove
Entfernung distance
Entschädigung compensation
entscheiden decide
entschuldigen excuse

entschuldigen, sich apologize
Erbse pea
Ereignis event
Erfolg success
Erfolg haben be successful
erfordern require
erhalten get* *(got)*
erhältlich available
erinnern remember
erklären explain
Erklärung explanation
erlauben allow
Erlaubnis permit
Ermäßigung discount
Ersatz replacement
erstaunlich amazing
erwarten expect
Erwartung expection
erzählen tell* *(told)*
Erziehung education
essen eat* *(ate, eaten)*
etwa (ungefähr) about
etwas (irgend-) something; **(von der Art)** somewhat; **(Menge)** some

F

fade bland
Faden thread
fähig sein be* able to *(was / were, been)*
fahren (Zweirad) ride* *(rode, ridden)*; **(Vierrad)** drive* *(drove, driven)*
Fahrrad fahren cycle
Fahrspur lane
fair fair
fallen fall* *(fell, fallen)*
falls if
falsch wrong
Falte crease
Familienname last name
fangen catch* *(caught)*
fast almost
faul (Obst) rotten; **(träge)** lazy
Faust fist
Fehler mistake
feiern celebrate
Feiertag holiday
Feld field
Ferse heel
fertig ready
fest firm; **(hart)** hard
Fett fat, **(Schmier-)** grease
fett (dick) fat
feucht moist, wet
Feuer fire
Feuerwehr fire brigade
Feuerzeug lighter
finden find* *(found)*
Finger finger
Firma company
fischen fish
Fischer fisherman
flach flat
Flagge flag
Flamme flame
Fleck stain
Fleisch meat
fliegen fly* *(flew, flown)*
Flotte fleet
Flug flight
Fluss river
flüstern whisper
Flut flood
fluten flood
Folge (Ergebnis) result
folgen follow
fordern demand
Forderung claim
fortsetzen continue
Fotograf photographer
fotografieren take* pictures *(took, taken)*
Frage question
fragen ask
frei free
fremd (unbekannt) unknown
freuen, sich be* glad *(was / were, been)*
freundlich friendly, kind
Freundschaft friendship
frieren freeze* *(froze, frozen)*
frisch fresh
Frisör hairdresser
früh early
frühstücken have* breakfast / brekkie *(had)*
fühlen feel* *(felt)*
führen (Gruppe) guide; **(Vorsprung)** lead
Führer guide
Führung guided tour
Füllung filling
für for
furchtbar aweful
fürchten be* afraid (of) *(was / were, been)*
fürchterlich terrible
Fuß foot *(feet Mz.)*
Fußgänger pedestrian
füttern feed* *(fed)*

G

ganz all; **(Stück)** entire
Garage garage
Gas gas
Gast guest
Gatter gate
Gebäude building
geben give* *(gave, given)*
Gebiet area

gebrauchen use
Gebühr fee
Gefahr danger
gefährlich dangerous
gefallen like
Gefängnis gaol
Gefäß container
Gefühl feeling
gegen against; **(ungefähr)** around
Gegend area, region
gegenüber von across from, adjacent to, opposite from
Gehalt salary
gehen go* *(went, gone)*; **(spazieren)** walk
Gehirn brain
Gelegenheit chance
Gemüse vege(table), vegie
gemütlich comfortable
genau (Adv.) just; **(ja)** right
Genehmigung permit
genießen enjoy
genug enough
Geografie geography
gerade straight
geradeaus straight ahead
gerecht fair
Gericht (Recht) court; **(Speise)** dish
Geruch smell
gesamt total
Geschäft (Laden) shop, store; **(Handel)** business
Geschichte (Erzähl.) story; **(Historie)** history
geschieden divorced
Geschmack flavour, taste
Geschwindigkeit speed
Gesellschaft society
Gesicht face
Gespräch conversation
gestern yesterday
gesund healthy
Gesundheit health
Gewehr gun
Gewicht weight
gewöhnen get* used to *(got)*
Gift poison
Gipfel peak, summit
Glas glass
Glaube faith, belief
glauben believe
Gleichgewicht balance
Glück luck
glücklich happy
Grad degree
gratulieren congratulate
Grenze (Land) border-
grillen have* a barbie *(had)*
groß (breit) big; **(lang)** large
großartig great
Größe size
Grund reason
gucken look; **(starren)** gaze
gültig valid
Gurke cucumber
gut good, well; **(okay)** fine

H

Haar hair
haben have* *(had)*
hacken chop
Hälfte half
Hals neck
halten (an-) stop; **(fest-)** hold *(held)*
Hand hand
Handel trade
handeln (um Preis) bargain
Handgelenk wrist
Handwerk (Kunst-) craft; **(Beruf)** trade
hart hard; **(stark)** strong
Hass hatred
hassen hate, dislike
hässlich ugly
Haupt- main
Haus house
Haut skin
heben lift
heilen cure, heal
heiraten marry, wed
heiß hot
Heizung heater
helfen help
hell (leuchtend) bright; **(n. dunkel)** light
her ago
herauslassen (Bus) drop off
herkommen originate, come from *(came, come)*
Herkunft heritage
herstellen manufacture
herum around
herunter down
Herz heart
Hilfe help
hineinstecken insert
hinten in the back
hinter behind
Hintergrund background
historisch historical
hoch high; **(lang)** tall
hoffen hope
höflich polite
Höhe height; **(Berg)** elevation
Höhle cave
holen get* *(got)*
Holz wood
hören hear* *(heard)*
Hüfte hip
Hügel hill

I

immer always
Industrie industry
Infektion infection
Information information
informieren inform
Ingenieur engineer
inklusive included
Institut institute
interessant interesting
interessieren be* interested *(was / were, been)*
irgendein any

J

jährlich annual(ly)
japanisch Japanese
jeder (Adj.) each, every; **(jedermann)** everybody
jederzeit anytime
jemand somebody, anyone
jenseits beyond
jetzt now
jucken itch
jung young
Juwelier jeweller

K

Kabel cable, lead
Kalender calendar
kalt cold
kämpfen fight* *(fought)*
Kanne jug; **(Tee)** pot
kaputt broken
Karte card; **(Land-)** map
Karton box
Kasse cashier
katholisch Catholic
kauen chew
kaufen buy* *(bought)*
kaum little
Kehle throat
Keller cellar
kennen know* *(knew, known)*
Kerl bloke, chap, fella
Kiefer (Mund) jaw
Kilometer kilometre
Kinderwagen pram
Kinn chin
Kiste (Bier / Wein) carton
klar (Farbe) clear
Klasse class; **(Schule)** grade
klatschen applaud
Klebeband (adhesive) tape
kleben stick* *(stuck)*
klebrig sticky
klein small; **(kurz)** little
Klempner plumber
klettern climb
klopfen knock
Klub club
klug intelligent, smart
Knie knee
Knoblauch garlic
Knöchel ankle
Koch cook
kochen cook; **(sieden)** boil
Köder bait
Kohl cabbage
kommen come* *(came, come)*
kompliziert complicated
Königin queen
königlich royal
können can* *(could)*, be* able *(was / were, been)*
Kontakt contact
kontaktieren get* in touch *(got)*
kontrollieren check
Kopf head
Korb basket
Körper body
korrigieren correct
kosten cost
kostenlos for free
Kotelett cutlet
kotzen chunder, vomit
krank ill, sick
Krankenschwester nurse
kratzen scratch
Kräuter herbs *(Mz.)*
Krebs (Krankheit) cancer
Kreditkarte credit card
Kreide chalk
Kreuz cross
Kreuzung intersection
kriechen crawl
Krieg war
Kugelschreiber pen
kühl cool, crisp
Kühlbox esky
Kühlschrank fridge
kümmern, sich take* care *(took, taken)*
Kumpel mate
Kunst art
Künstler(in) artist
künstlich artificial
Kurs course
kurz short
kürzlich recently
küssen kiss
Küste coast

L

lächeln smile
lachen laugh
laden load
Lage position

Lampe lamp
Landschaft landscape
Landwirtschaft agriculture
lang long
langsam slow
langweilig boring
lassen let* *(let)*
Lauch leek
laufen (rennen) run* *(ran, run)*; **(zu Fuß)** walk
laut loud, noisy
leben live
Leben life
lecken lick
Leder leather
leer empty
legen lay, put* *(put)*
Lehrer(in) teacher
leicht (Gewicht) light; **(zu tun)** easy
Leid tun be* sorry *(was / were, been)*
leihen borrow
Leinen linen
leiten lead* *(led)*
lernen learn, study
lesen read* *(read)*
letzte last
leuchten shine
Leute people
Licht light
lieben love
lieber rather
liebste favourite
liefern deliver
Lieferung delivery
liegen lay
Linie line
links left
Linse (Auge) lense
Lippe lip
Liste list
Loch hole
Lohn wage
lose loose
Lösung solution
Luft air
Lunge lung

M

machen (herstellen) make* *(made)*; **(tun)** do* *(did, done)*
Mädchen girl
Magen stomach
mahlen grind* *(ground)*
Mahlzeit meal
Mais (sweet) corn
Mal (Häufigkeit) time
malen paint
man one, you
manchmal sometime(s)
Markt market
Maske mask
Matratze matress
Medikament medicin
Medizin drug
medizinisch medical
mehr more
meinen (denken) reckon
Meinung opinion
meist mostly
meiste most
Menge amount, quantity
merken (be-) notice; **(sich)** memorize
Meter metre
Milch milk
mild mild
mindestens at least
Mist crap; **(Kuh-)** manure
mit with
Mitglied member
mitmachen join
Mitte middle
mittlere medium
Mode fashion
modern modern
mögen like
möglich possible
Möhre carrot
Mond moon
müde tired
Müll rubish, refuse
Mülleimer bin
Mund mouth
Musiker musician
Muskel muscle
müssen must, have* to *(had)*
Muster pattern

N

nach (örtl.) to; **(zeitl.)** after, past
Nachricht message
nächster next
Nacht night
nackt in the nick, nude
Nadel needle
nah close, near
Name name
Nase nose
nass wet
national domestic, national
Natur nature
natürlich of course
neben next to
nehmen take* *(took, taken)*
nett kind
neu new
neugierig curious
nie never

Wörterliste Deutsch – Australisch

niedlich cute, sweet
niedrig low
niemand nobody
Niere kidney
nirgendwo(hin) nowhere
noch (immer) still; **(nicht)** yet
nochmal again
normalerweise usually
Note (Schule) mark
Notfall emergency
notwendig necessary
nur just, only, simply
nutzen use
nützlich useful

O

ob if
oben up; **(Haus)** upstairs
obere upper
Oberfläche surface
Oberschenkel thigh
obwohl although
öffentlich public
öffnen open
Öffnung opening
oft often
ohne without
Ohr ear
Opfer victim
Optiker optician
ordentlich neat
organisieren organize
Ort place

P

paar, ein a couple, a few
Paar pair; **(Ehe-)** couple
Päckchen packet
Paket parcel
Panne break down
Papier paper
Paprika(schote) capsicum
parken park
Pass (Reise-) passport
Passagier passenger
passen fit
passieren happen
peinlich embarrassing
perfekt perfect
Perle pearl
Person person
persönlich personal
Pfeife pipe
Pflanze plant
Physik physics
Pilot pilot
Pilz mushroom, mushie
planen plan
Platz (öffentl.) square; **(Raum)** space
plötzlich sudden(ly)
polieren polish
Politiker politician
Polizist police officer
Portion serve
Postbeamte(r) postie
Preis price, rate
preiswert cheap
pro per
Pulver powder

Q

Qualität quality
Quittung receipt

R

Rahmen frame
rasieren shave
Rat advice
raten guess
Rauch smoke
Raum (Zimmer) room
rechnen count
Rechnung check
Recht right; **(Gesetz)** law
Redakteur editor
reden talk
regeln arrange
regieren rule
Regierung government
regional local
Regisseur film director
reif ripe
Reihe row
reinigen clean
reisen travel
Reisende(r) traveller
rennen run* *(ran, run)*
reparieren fix, repare
reservieren make* a reservation *(made)*
retten rescue
Rettungswagen ambulance
Richter judge
richtig right
Richtung direction
riechen smell
riesig enormous, giant
Rind cow; **(-fleisch)** beef
Ring ring
roh raw, uncooked
rollen roll
Rosenkohl Brussel sprouts
Rost grid
Rote Bete beetroot
rückständig backward
Rückzahlung refund
rufen call; **(schreien)** yell
ruhig (Meer) still
rund round
rutschen slip

S

Sache (Ding) thing; **(Angelegenheit)** matter
sagen say
Sahne cream
Salat (-kopf) lettuce; **(Zubereitung)** salad
Salbe ointment
Salz salt
sammeln collect
Sänger(in) singer
satt full
Satz sentence
sauber clean
saubermachen clean
sauer sour
Schale bowl
Schalter (elektr.) switch
scharf (Messer) sharp; **(Speise)** spicy
Schauspieler actor
Schauspielerin actress
Scheibe slice
scheinen (als ob) seem; **(Sonne)** shine
Schere scissors *Mz.*
scheren shear
Schicht (Lage) layer
schicken send* *(sent)*
schießen shoot* *(shot)*
schlafen sleep* *(slept)*
schlagen hit* *(hit)*
schlecht bad
schlechter worse
schlechteste worst
schließen close
schlucken swallow
Schluss- end; **(letzte)** final
schmal narrow
schmecken taste
schmerzen hurt* *(hurt)*
schmerzhaft painful
schmutzig dirty, filthy
Schnecke snail
schneiden cut
schnell fast, quick
schon already, yet
schön beautiful, nice
Schönheit beauty
schreiben write* *(wrote, written)*
Schuld (Fehler) fault
schulden owe
Schule school
Schüler(in) student
Schulter shoulder
Schutz protection
schützen protect
schwach weak
schwarz black
schwer (Gewicht) heavy
schwierig difficult
schwimmen swim* *(swam, swum)*
schwitzen sweat
schwül humid
seekrank seasick
sehen see* *(saw, seen)*
Sehne sinew
sehr a lot, so, very
Seife soap
sein be* *(was / were, been)*
seit since
Sekretärin secretary
Sellerie celery
selten rare(ly), seldom
servieren serve
setzen (stellen) put* *(put)*; **(sich hin-)** sit* down *(sit)*
sicher safe; **(-lich)** sure
Sicherheit safety
singen sing* *(sang, sung)*
sitzen sit * *(sat)*; **(Kleidung)** fit* *(fit)*
so so; **(Vergleich)** as
sofort immediately, now
sogar even
solch this kind / type of
sollen shall* *(should)*, have* to *(had)*
Sonne sun
Soße sauce
sparen save
Spargel asparagus
spät late
spazierengehen go* for a walk *(went, gone)*
speziell special
Spiegel mirror
Spiel game; **(Sport)** match
spielen play
Spinat spinach
Sprache language
sprechen speak* *(spoke, spoken)*
Spritze syringe; **(Injektion)** shot
Spur trace
Stadt city, town
Stand stand
stark strong
statt dessen instead
stechen sting* *(stung)*
Steckdose outlet
stehen stand* *(stood)*
stehlen steal* *(stole, stolen)*
steigen rise* *(rose, risen)*, go* up *(went, gone)*
steil steep
stellen place, put* *(put)*
sterben die, pass away
Steuer tax
Stiefel boot
Stimme voice

Stirn forehead
stöbern fossick
Stock stick
Stoff fabric
stören disturb
Strafe punishment
Strahl (Licht-) ray
Straße road, street
streicheln pat
streiten fight* *(fought)*
Stück part, piece
studieren study
Stufe step
Suche search
suchen look for, search
Summe amount, sum
Suppe soup
süß sweet
Süßkartoffel sweet potato

T

Tabak tobacco
Tablette pill
täglich daily, everyday
Taille waist
tanzen dance
Tasche bag; **(Hose)** pocket
Taschenlampe torch
Taschentuch tissue
Tasse cup; **(groß)** mug
tauchen dive
technisch technical
Tee tea; **(Tasse)** cuppa
teilen share
Teller plate
Teppich carpet
teuer expensive
Teufel devil
tief deep
Tier animal
Tisch table
Tod death
toll awesome
Tomate tomato *(-es, Mz.)*
Tor goal
tot dead
töten kill; **(Mord)** murder
Tour tour
tragen (etw.) carry; **(Kleidg.)** wear* *(wore, worn)*
traurig sad
treffen meet* *(met)*
trennen separate
Treppe stairs *Mz.*
Tresen counter
trinken drink* *(drank, drunk)*
Trinkgeld tip
trocken dry
tropisch tropical
trotz despite of
tun do* *(did, done)*
Tür door
Turm tower

U

üben practise
über (örtl.) above, over; **(hinweg)** across; **(mehr als)** about *jmd.*, more than; **(zeitl.)** past
überall everywhere
übergeben, sich throw up* *(threw, thrown)*
überhitzt overheated
überholen overtake *(overtook, overtaken)*
überqueren cross
Übersetzer translator
übrig left
übrigbleiben remain
um at
um zu to, in order to
umarmen embrace
Umleitung detour
umtauschen exchange
Umweg detour
und and
ungeteert unsealed
Universität university, uni
unmöglich impossible
unten at the bottom
unter below, under
Unterhaltung conversation
unterrichten teach* *(taught)*
unterschreiben sign
untersuchen check

V

Vene vein
Verabredung appointment
verbleit leaded
verboten prohibited
verdammt bloody
verdienen earn
verfallen (Datum) expire
vergessen forget* *(forgot, forgotten)*
verirren get lost* *(got)*
verkaufen sell* *(sold)*
Verkäufer salesperson
Verkehr traffic
verlängern extend
verlassen quit* *(quit)*
Verletzung injury
verlieren loose* *(lost)*
vermieten rent
Vermietung rental
vermissen miss
verringern reduce
verschieden different
Versicherung insurance

verspäten delay, be* late *(was / were, been)*
Verspätung delay
versprechen promise
Verstand sense
verstauen stash
verstehen understand
versuchen try
vertrauen trust
viel a lot, much
viele many
vielleicht maybe
Viertel quarter
voll full, complet
vollkommen fully
von from, of
vor (örtl.) in front of; **(zeitl.)** before
voraus ahead; **im v.** in advance
vorbeifahren pass
vorbeikommen pop in
vorbereiten prepare
vorhaben intend, plan
vorher before(hand)
vorschlagen propose
Vorsicht caution
Vorstand management
vorstellen (mental) imagine; **(Person)** introduce
Vorteil convenience
vorwärts forward

W

wachsen grow* *(grew, grown)*
Wahl choice; **(polit.)** election
wahr true
während during, while
Wald forest, woods *Mz.*
Wand wall
Wange cheek
Ware goods *Mz.*
warm hot, warm
Warnung warning
warten wait
waschen wash
Wasser water
wecken wake* up *(woke, woken)*
weg away; **(ab)** off
Weg road, way; **(Pfad)** trail
wegen because of, due to
weggehen leave* *(left)*
wehtun hurt* *(hurt)*
weil because
weiß white
weit wide; **(entfernt)** far; **(Kleidung)** baggy
weiterer further, another
weitermachen proceed
Welt world
wenig few, little
weniger less
wenn when; **(falls)** if
Werbung ad(vertisement)
werden will* *(would)*
wert worth
Wert value
wertvoll valuable
Wettbewerb contest
wichtig important
wie like; **(Vergl.)** as
wie auch immer anyway
wieder again
wiederholen repeat
wild rugged
Willkommen welcome
Wind wind
Windel nappy
winzig small, tiny
wirklich really
wissen know* *(knew, known)*
Wissenschaft science
Wissenschaftler scientist
wohnen live
wollen like to, want
Wörterbuch dictionary
wunderbar lovely
wünschen wish

zahlen pay
Zahn tooth *(teeth Mz.)*
Zahnarzt dentist
zart tender
Zeh toe
Zeichnung drawing
zeigen show
Zeit time
Zeitung newspaper
Zentrum centre, downtown
zerren (medizin.) sprain
ziehen pull
Zigarette cigarette, ciggie
Zimmer room
Zoll customs *Mz.*
zu (Richtg.) to; **(sehr)** too
zu viel too many, too much
Zucchini zucchini
züchten breed* *(bred)*
Zucker sugar
Zuckerschote snowpea
zuhause home
zuhören listen
zunehmen increase; **(Gewicht)** gain weight
Zunge tongue
zurück back
zurückgeben return
zusammen together
zustimmen agree
Zwiebel onion
zwischen between

Wörterliste Australisch – Deutsch

A

able: be* a. to können
about ungefähr, über
above über *(örtl.)*
accept annehmen
accomodation Unterkunft
accompany begleiten
across über
across from gegenüber von
address Adresse
adhesive tape Klebeband
adjacent to gegenüber von
adult Erwachsener
advice Rat
afraid: be* a. (of) fürchten
after nach *(zeitl.)*
afterwards danach
again nochmal, wieder
against gegen
age (Lebens-)Alter
agency Vermittlung(sbüro)
ago her
agree zustimmen
ahead voraus
aid Hilfe
air-con Klimaanlage
aisle Gang *(Flugzeug)*
all alle, ganz
alley Gasse
allow erlauben
allowed: be a. to dürfen
almost fast
alone allein
already schon
alright okay
also auch
although obwohl
always immer
a.m. Vormittag
am bin *(be)*
amazing erstaunlich
ambulance Rettungswagen
amount Menge, Summe
and und
animal Tier
ankle Knöchel
annual(ly) jährlich
another ein weiterer
answer Antwort, antworten
antivenom Antigift
any irgendein
anyone jemand
anyway wie auch immer
apartment Wohnung
apologize sich entschuldigen
application Antrag
apply beantragen
appointment Verabredung
architect Architekt
are bist, seid *(be)*
area Gebiet, Gegend
argue argumentieren
army Armee
around gegen, um ... herum
arrive ankommen
artist Künstler(in)
as so, wie *(Vergleich)*
ask fragen
ask for bitten
assistant Assistent
at an, bei, um
ate* aß *(eat)*
ATM Geldautomat
available erhältlich
avenue Allee
average Durchschnitt
away weg
aweful furchtbar
awesome toll

B

back hinten, zurück
bad schlecht
baggage Gepäck
baggy weit *(Kleidung)*
bait Köder
baker Bäcker
bakery Bäckerei
balance Gleichgewicht
bald kahl
ban Verbot
barbie Grillabend
bargain handeln, Schnäppchen
bat Cricketschläger
bath Bad
bathe baden
bathroom Badezimmer
bathtub Badewanne
bay Bucht
BBQ Grillabend
be* sein
beach Strand
beacon Signallampe
beans Bohnen
beard Bart
beaut super!
beautiful schön
because weil
because of wegen
been gewesen *(be)*
beetroot Rote Bete
before bevor, vor, vorher
beg bitten
began* fing an *(begin)*

begin* anfangen
begun* angefangen *(begin)*
behind hinter
believe glauben
below unter
belt Gürtel
berth Schlafkoje
bet Wette, wetten
better besser
between zwischen
beware of Acht geben
beyond jenseits
big groß
billabong Wasserloch
billy Campingkessel
bin Mülleimer
birthday Geburtstag
bit bisschen, biss* *(bite)*
bite Bissen, beißen*
bitten* gebissen *(bite)*
bitter bitter
bitumen geteert
bladder Harnblase
bland fad
blanket Decke
blemish Pickel
blew* blies *(blow)*
blister Blase *Wunde*
block of land Stück Land
bloke Kerl, Typ
blood Blut
bloody blutig, verdammt
blow* blasen, wehen
blown* geblasen *(blow)*
board Surfbrett
boat Boot, Schiff
boil kochen
bonnet Motorhaube
booking Buchung
bookshop Buchladen
border Grenze
boring langweilig
borrow leihen, verleihen
bottom Boden, unterer Teil
bought* kaufte, gekauft *(buy)*
bowl Schale
brain Gehirn
brake Bremse, bremsen
brand Marke, branden
bread Brot
break brechen*, Pause
breakfast Frühstück
breast Brust
breathe atmen
bred* züchtete *(breed)*
breed* züchten
breeze Luftzug
brekkie Frühstück
brew brauen
brewery Brauerei
bric-a-brac allerlei
bridge Brücke
bright grell, hell
brilliant leuchtend
bring* bringen
broke* brach *(break)*
broken* gebrochen *(break)*
brother Bruder
brought* brachte, gebracht *(bring)*
brown braun
browse sich umschauen
bruise Prellung
bubbler Trinkwassersprudler
bug Insekt, Käfer
build* bauen
building Gebäude
built* baute, gebaut *(build)*
bull Bulle
bullbar Stoßstange
burn brennen
bus Bus
bush Busch
bushfire Buschfeuer
business Geschäft *(Handel)*
buster kalter Südwind
busy beschäftigt
butcher Metzger
buy* kaufen
by durch *(kausal)*
bye tschüss
BYO bring deinen eigenen Alkohol *(Lokal, Party)*

C

cab Taxi
cable Kabel
calendar Kalender
calf Wade; Kalb
call rufen, anrufen
came* kam *(come)*
campervan Wohnmobil
can können*; Dose
cancel absagen
cancellation Storno
cancer Krebs
can-do okay
capital Hauptstadt
car Auto, Fahrzeug
caravan Wohnwagen
card Karte
care sich kümmern
carpet Teppich
carry tragen
cart Einkaufswagen
carton Kiste *(Bier, Wein)*
carve schnitzen
cashier Kasse
cask Fass
casual lässig
catch* fangen
cattle Vieh
cattle station Farm
caught* fing, gefangen

(catch)
caution Vorsicht
CB Funkradio
celebrate feiern
centre Zentrum
chap Kerl
charge berechnen
cheap billig, preiswert
cheek Wange
chemist Apotheker
chemistry Chemie
chemist's Apotheke
chest Brust
chew kauen
chick Mädel
child Kind
children Kinder
chin Kinn
chock-a-block übervoll
choice Wahl, Auswahl
chook Hähnchen
chop hacken
chuck machen
chunder kotzen
church Kirche
ciggie Zigarette
citizenship Nationalität, Staatsangehörigkeit
city Stadt
claim Forderung
clap klatschen
clay Tonerde
clean reinigen, sauber
clear klar Farbe
climb klettern
close nah, schließen
closed geschlossen
coach Reisebus; Trainer
coast Küste
coaster Untersetzer
coin Münze
cold kalt; Erkältung
collect sammeln
colour Farbe
coloured bunt
come* kommen, gekommen
comfortable gemütlich
commonwealth Staatenbund
company Firma
complain beschweren
complicated kompliziert
compo Arbeitslosengeld
compulsory zwingend
congratulate gratulieren
contest Wettbewerb
contribution Beitrag
control kontrollieren
convict Sträfling
cook Koch, kochen
cool kühl
corkage fee Entkorkungsgebühr
corner Ecke
cost kosten
cotton Baumwolle
could* konnte, könnte *(can)*
count rechnen
countery Kneipenmahlzeit
country Land
course Kurs, Verlauf; **of c.** natürlich
court Gericht, Platz
cover Abdeckung
craft Handwerk
crap Mist
crawl kriechen
crease Falte
crime Verbrechen
crisp kühl, frisch
crop Feldfrucht
cross Kreuz, überqueren
crossing Kreuzung
cruise Fahrt
cultivated bewirtschaftet
cure heilen, Heilung
curious neugierig
cut schneiden, Schnitt
cute niedlich

D

daily täglich
dairy Milchprodukt
damage beschädigen
dance Tanz, tanzen
danger Gefahr
dangerous gefährlich
dark dunkel
darling Schatz *(Kosewort)*
date Datum, Verabredung
dawn Morgendämmerung
dead tot
dead end Sackgasse
death Tod
decide entscheiden
deck Deck
deep tief
delay verspäten
delivery Lieferung
dentist Zahnarzt
department Abteilung
describe beschreiben
desert Wüste
despite of trotz
detour Umleitung, Umweg
dictionary Wörterbuch
did tat *(do)*
didgeridoo Didgeridoo
die sterben
difficult schwer, schwierig
dillybag Tasche
dine auswärts essen gehen
dine-in hier essen

dinner Abendessen
direction Richtung
dirt road ungeteerte Straße
dirty schmutzig
disabled behindert
discount Ermäßigung
disease Krankheit
dish Gericht
dive tauchen
divorced geschieden
do* tun
dodgy zweifelhaft
domestic national
done* getan *(do)*
door Tür
dorm Schalfsaal
double doppel
downstairs unten *(im Haus)*
drain Abfluss
drank* trank *(drink)*
drawing Zeichnung
dress anziehen *(Kleid)*
drink Getränk, trinken*
drive* fahren
driven* gefahren *(drive)*
driver Fahrer
driving license Führerschein
drop off herauslassen (jmd.)
drought Dürre
drove* fuhr *(drive)*
drunk* getrunken *(drink)*
dry trocken
due fällig; **d. to** wegen
dummy Schnuller
dune Düne
dunny Klo
during während

E

each jede
eagle Adler
ear Ohr
early früh
earn verdienen
earring Ohrring
earth Erde
easy einfach, leicht
eat* essen
eaten* gegessen *(eat)*
economy Wirtschaft
edible essbar
editor Redakteur
education Erziehung
effort Bemühung
elastic elastisch
elbow Ellbogen
elder ältere
election Wahl *(politisch)*
electrician Elektriker
else andere
embarrassing peinlich
embassy Botschaft
emergency Notfall
empty leer
end Ende
engineer Ingenieur
enjoy genießen
enough genug
enquire anfragen
ensuite Badezimmer
enter eingeben, eintreten
entire ganz *(Stück)*
entrance Eingang
entree Vorspeise
entry Eingabe, Eintritt
environment Umwelt
esky Kühlbox
established gebaut
estuarine brackig *(Wasser)*
even sogar
event Ereignis
every jeder *(Adj.)*
exhibition Ausstellung
exit Ausfahrt, Ausgang
expect erwarten
expensive teuer
expire verfallen, auslaufen
explain erklären
extend verlängern
extreme(ly) extrem
eye Auge

F

fabric Stoff
face Gesicht
facility Einrichtung
fail durchfallen
fair fair, gerecht
fake unecht
fallen* gefallen *(fall)*
familiar bekannt *(persönl.)*
far weit entfernt
fare Fahrpreis
fast schnell
fat fett, dick
favour Bitte
favourite bevorzugt, liebster
fed* fütterte, gefüttert *(feed)*
fee Gebühr
feed* füttern
feel* fühlen
feeling Gefühl
feet Füße
fell* fiel *(fall)*
felt* fühlte, gefühlt *(feel)*
fence Zaun
ferry Fähre
few wenig; **a f.** einige, ein paar
fight* kämpfen, streiten
fill in ausfüllen
filthy schmutzig

find* finden
fire Brand, Feuer
fireworks Feuerwerk
firm fest, Firma
first erste
fist Faust
fit* passen, passte, gepasst
fix reparieren
flag Flagge
flame Flamme
flash Blitz
flat flach
flavour Geschmack
fleet Flotte
flew* flog *(fly)*
flewn* geflogen *(fly)*
flight Flug
flood Flut, fluten
floor Boden, Stockwerk
flower Blume
follow folgen
foot Fuß
footy australischer Fußball
for für
forehead Stirn
foreign ausländisch
forest Wald
forget* vergessen, vergaß
forgotten* vergessen *(forget)*
form bilden, Formular
forward vorwärts
fought* kämpfte, gekämpft *(fight)*
found* fand, gefunden *(find)*
freebie etwas kostenloses
freeway Autobahn
freeze* frieren
freshwater Süßwasser
fridge Kühlschrank
friend Freund(in)
friendship Freundschaft
from aus, von
front: in f. vorne
froze* fror *(freeze)*
frozen* gefroren *(freeze)*
fruit Frucht, Obst
fry braten
full satt, voll
fully vollkommen
further weitere(r)
fuse Sicherung

G

game Spiel
gaol Gefängnis
garbage Müll
gauze Mull
gave* gab *(give)*
gaze gucken, starren
gear Gang *(Auto)*
gem Edelstein
get* bekommen, holen, werden
get* in einsteigen
get* lost sich verirren
get* on einsteigen
get* up aufstehen
get-together Zusammenkunft
gibber Steinwüste
girlfriend Freundin *(Liebe)*
give* geben
given* gegeben *(give)*
glad: be* g. sich freuen
glass Glas; **glasses** Brille
go* gehen
go* in eintreten
go* off verderben
goal Tor
gone* gegangen *(go)*
good gut
goods Ware
got* bekam *(get)*
governor-general Generalgouverneur
grade Klasse *(Schule)*
great großartig
grew* wuchs *(grow)*
grid Rost
grind* mahlen
grog Alkohol
ground Boden; mahlte*, gemahlen *(grind)*
group Gruppe
grow* wachsen
grown* gewachsen *(grow)*
guernsey Trikot
guest Gast
guide führen, Führer
gun Gewehr

H

had* hatte, gehabt *(have)*
hair Haar
happen passieren
happy froh, glücklich
hard fest, hart
has* hat *(have)*
hat Hut
have* haben; **h.* to** müssen, sollen
head Kopf
heal heilen
health Gesundheit
healthy gesund
hear* hören
heard* hörte, gehört *(hear)*
heart Herz
heavy schwer *(Gewicht)*
heel Ferse
height Höhe
help helfen, Hilfe

here hier
heritage Herkunft
high hoch, high
hill Hügel
hip Hüfte
hire mieten
history Geschichte *(histor.)*
hit* schlagen, schlug, geschlagen
hold halten
hole Loch
holiday Feiertag
home zu Hause
homestead Wohnhaus einer Farm
hope hoffen, Hoffnung
host Gastgeber
hot heiß, warm, scharf
hotel Bar, Hotel, Restaurant
hour Stunde
howzat wie ist das
humid schwül
hungry hungrig
hurry (up) beeilen
hurt* schmerzen, schmerzte, geschmerzt

I

identity card (ID) Ausweis
if falls, ob, wenn
ill krank
illness Krankheit
imagine vorstellen *(mental)*
immediately sofort
immigration Einwanderung
important wichtig
impossible unmöglich
impression Eindruck
include einschließen
infect anstecken
inhabitant Einwohner
innings Spielrunde *(Cricket)*
insert einführen
inside innen
instead stattdessen
institute Institut
insurance Versicherung
intend vorhaben
interested: be* i. sich interessieren
interesting interessant
intersection Kreuzung
introduce vorstellen (Person), einführen
introductory Einführungs-
invitation Einladung
invite einladen
is ist *(be)*
island Insel
itch jucken
item Ding

J

jackaroo Cowboy
jetty Steg
jillaroo Cowgirl
jocks Unterhose
joey Kängarubaby
join mitmachen
journey Reise
judge beurteilen, Richter
jug Kanne
just genau, nur

K

keep* behalten, behielten
keg Fass
key Schlüssel
kidney Niere
kill töten
kind Art; freundlich, nett
kindy Kindergarten
kiss küssen
kitchen Küche
knee Knie
knew* kannte, wusste *(know)*
knife Messer
knock klopfen
know* kennen, wissen
known* gekannt, gewusst *(know)*

L

labour Arbeit
lake See
land Land
landscape Landschaft
lane Fahrspur
language Sprache
large groß
last letzte
late spät
late: be* l. sich verspäten
laugh lachen
laundry Wäsche
law Gesetz, Recht
lay legen, liegen
lazy faul träge
lead* leiten
leaded verbleit
leaf Blatt *(Baum)*
learn* lernen
learnt* gelernt *(learn)*
least letzter
leather Leder
leave* abreisen, weggehen
led* geleitet, leitete *(lead)*
left links; übrig, ging weg, weggegangen *(leave)*
lense Linse *(Auge)*
less weniger

Wörterliste Australisch – Deutsch

let* lassen, ließ, gelassen
letter Brief, Buchstabe
level Stockwerk
library Bibliothek
licensed lizensiert
life Leben
lift Lift; heben, hob, gehoben
light hell, leicht, Licht
lighter Feuerzeug
lights Ampel
like gefallen, mögen; wie; **l. to** gern tun, wollen
line Linie; **l. up** Schlange stehen
liquid Flüssigkeit
litter Müll
little kaum, klein, wenig; **a l. (bit)** ein bisschen
live leben, wohnen; live
livestock Vieh
load laden, Ladung
locker Schließfach
long lang
look aussehen
look for suchen
loose lose, verlieren*
lost* verlor, verloren *(loose)*
lot: a l. sehr, viel
lots mengenweise, Portion
loud laut
love Liebe, lieben
low niedrig
luck Glück
lunch Mittagessen
lung Lunge

M

made* machte, gemacht *(make)*
main Haupt-, Hauptgericht
major Haupt-
make* machen
man Herr, Mann
manual Hand-
manufacturing Herstellung
map Karte
mark Note *(Schule)*
market Markt
marry heiraten
marsupial Beuteltier
mask Maske
match Spiel *(Sport)*
matches Streichhölzer *Mz.*
mate Kumpel
matress Matratze
may* dürfen
maybe vielleicht
meal Mahlzeit
mean gemein; meinen
meat Fleisch
medium mittel
meet* treffen, verabreden
meeting Verabredung
member Mitglied
memorial Denkmal
memorize sich merken
men Männer
message Nachricht
met* traf, getroffen *(meet)*
metre Meter
microbrewery Kleinbrauerei
middle Mitte
middy Glas Bier
midstrength mittelstark
mieten rent
might* durfte, gedurft *(may)*
milk Milch
mill Fabrik
mind achten auf; Verstand
mirror Spiegel
miss vermissen, verpassen
mistake Fehler
mobile mobil
moderate gemäßigt
moist feucht
moment Moment
money Geld
month Monat
moon Mond
more mehr, über
morning Morgen, Vormittag
most meiste
mostly meist
mother Mutter
mountain Berg
mouth Mund
movie Film *(Kino)*
much viel
mug Tasse *(groß)*
muscle Muskel
mushie Pilz
musician Musiker
must müssen
muster zusammentreiben

N

nail Nagel
nappy Windel
narrow eng, schmal
nationality Staatsangehörigkeit
near nah
nearby in der Nähe
neat ordentlich
necessary notwendig
neck Hals
need brauchen
needle Nadel
neighbour Nachbar(in)
never nie, niemals
new neu
newsagency Kiosk
newspaper Zeitung

next nächste
nice schön
nick: in the n. nackt
night Nacht
nightclub Nachtklub
nippy eiskalt
nobody niemand
noisy laut
noon Mittag
nope nein
nose Nase
notice bemerken
now jetzt, sofort
nowhere nirgendwo(hin)
nurse Krankenschwester

O

observe beobachten
ochre Ocker
ocker australisch
of von
off ab, aus, weg
offer anbieten, Angebot
office Büro
officer Beamter *(Polizei)*
often oft
oil Öl
ointment Salbe
old alt
on auf, in
once einmal
only nur
opener Dosenöffner
opening Öffnung
operate laufen
opinion Meinung
opposite from gegenüber
optician Optiker
order bestellen, Bestellung; **in o. to** damit, um zu
organ Organ
organize organisieren
originate herkommen
other andere(r)
ought sollte
out aus
outlet Steckdose
outside draußen
outstation Reservation
over über
overcast bewölkt
overtake überholen
overweight Übergewicht
owe schulden
own eigener
owner Besitzer

P

package Paket
pain Schmerz
painful schmerzhaft
paint malen
painter Maler *(Kunst)*
painting Bild
pair Paar
pale blass
paper Papier
parcel Paket
park Park, parken
parking Parkplatz
parliament Parlament
pass vorbeifahren, -gehen
passenger Passagier
past nach *(zeitl.)*, über
pastoral land Weideland
pastoralist Farmer
pat streicheln
path Weg
pattern Muster
pay bezahlen; Lohn
peak Gipfel
peckish hungrig
pedestrian Fußgänger
pen Kugelschreiber
pendant Anhänger
people Leute, Volk
permit Erlaubnis
petrol Benzin
phone anrufen, Telefon
phonecard Telefonkarte
physics Physik
pick aussuchen
pick up aufheben
picture Bild, Foto
piece Stück
pill Tablette
pillow Kopfkissen
pint Glas Bier
piss Alkohol
pissed besoffen
piss-up Saufgelage
pitcher Bierkrug
place Ort, Stelle, stellen
plain Ebene, einfach
plan Plan, planen, vorhaben
plane Flugzeug
plant Pflanze
plastic Plastik
plate Teller
platform Bahnsteig
play spielen, Stück *(Theater)*
please bitte
pliers Zange
pocket Tasche *(in Kleidung)*
point Punkt
police Polizei
polite höflich
politician Politiker
pommy englisch
pop in vorbeikommen
popular beliebt
pork Schwein *(Fleisch)*
possible möglich
postcard Postkarte

postie Postbeamte(r)
pot Glass, Kanne
powder Pulver
practise üben
pram Kinderwagen
prang Unfall
pregnant schwanger
prepare vorbereiten
pressure Druck
proceed weitermachen
profession Beruf
prohibited verboten
promise versprechen
propose vorschlagen
protect schützen
pull ziehen
punish bestrafen
punishment Strafe
purse (Brief-)Tasche
push drücken
pushie Fahrrad
put* legen, gelegt, gestellt

Q

quality Qualität
quantity Menge
quarter Viertel
question Frage
quick schnell
quit* verlassen

R

rack Regal
rain Regen
rainforest Regenwald
range Gebirge; Bandbreite, Auswahl
rare(ly) selten
rash Ausschlag
raw roh
read* lesen, las, gelesen
ready fertig
really echt, wirklich
reason Grund
reasonably einigermaßen
receipt Quittung
recently kürzlich
reckon meinen
recommend empfehlen
reduce verringern
refund Rückzahlung
refuse Müll
rellies Verwandte
remain übrigbleiben
remember erinnern
remove entfernen
rent mieten, mietete, gemietet
repare reparieren
repeat wiederholen
repellent Insektenmittel
replace wechseln
replacement Ersatz
report Bericht, berichten
require erfordern
rescue retten
reserve Vorrat
return zurückgeben
rich reich
ride fahren
ridge Grat
right Recht, rechts, richtig
ripe reif
rip-off Betrug *(Preis)*
rise steigen
road Straße, Weg
roadhouse Raststätte
roast braten
rock Stein
roll Brötchen; rollen
roo Kängeru
rope Seil
rotten faul
round rund
row Reihe
royal königlich
rugged wild
rule Regel, regieren

S

sad traurig
saddle Sattel
safe sicher; Schließfach
safety Sicherheit
sail Segel
salary Gehalt
sales Ausverkauf
salt Salz
saltwater Salzwasser
sang* sang *(sing)*
sanitary pad Binde
sat* saß, gesessen *(sit)*
save sparen
savings Erspartes
saw* sah *(see)*
say sagen
school Schule
schooner Glas Bier
scissors Schere
scoop Bällchen *(Eis)*
scratch kratzen
screw Schraube
sea Meer
sealed geteert
search Suche, suchen
seasick seekrank
season Jahreszeit
seat-belt Sicherheitsgurt
see* sehen
seed Samen
seem scheinen *(als ob)*
seen* gesehen *(see)*
seldom selten

self selbst
sell* verkaufen
sense Verstand
sentence Satz
separate trennen
serve servieren
service station Tankstelle
servo Tankstelle
settlement Siedlung
shade Schatten, Nuance
shaft Schacht
shake schütteln
shall* sollen
share teilen
sharp scharf *(Messer)*
shear Schaf scheren
sheet Blatt *(Papier)*
sheila Mädel
shine scheinen
ship Boot, Schiff
shoot* schießen
shop einkaufen, Laden
short kurz
should* sollte *(shall)*
shoulder Schulter
shout brüllen, Runde
show zeigen; Show
shower Dusche
shuttle Shuttle
sick krank
sickie Krankheitstag
side Seite
sign unterschreiben
similar to ähnlich
since da, seit
sing* singen
single Einzel, ledig
sit* sitzen; **s. down*** sich setzen
size Größe
skin Haut, Fell
skinny dünn
sleaper Schlafwagen
sleep* schlafen
sleeping bag Schlafsack
slept* schlief *(sleep)*
slice Scheibe
slim dünn
slip ausrutschen; Unterhose
slow langsam
small klein, winzig
smart klug
smell Geruch, riechen
smile lächeln
so sehr, so
soap Seife
soccer Fußball
social sozial
society Gesellschaft
sociology Soziologie
soft weich
sold* verkaufte, verkauft *(sell)*
solution Lösung
some einige, etwas
somebody jemand
something etwas
sometime(s) manchmal
somewhat etwas
son Sohn
soon bald
soup Suppe
space Platz, Raum
spanner Schraubenschlüssel
spare Ersatzreifen
speak* sprechen
spear Speer
special speziell
speed Geschwindigkeit
spell buchstabieren
spinach Spinat
spinster Junggesellin
spoke* sprach, gesprochen *(speak)*
spot Punkt; entdecken
sprain zerren *(medizin.)*
spring Frühling
spring roll Frühlingsrolle
square Platz *(städt.)*
stage Bühne
stain Fleck
stairs Treppe *Mz.*
stamp Briefmarke
stand* stehen; Stand
stang* stach *(sting)*
star Stern
stare starren
stash verstauen
station Farm, Station
stay Aufenthalt, bleiben
steal* stehlen
steam Dampf
steep steil
step steigen, Stufe
stick Stock, kleben
sticky klebrig
still noch, ruhig
sting* stechen, Stich
stock Vieh
stole* stahl, gestohlen *(steal)*
stomach Magen
stone Stein
stop anhalten, aufhören, halten
storage Aufbewahrung
store Laden
story Geschichte *(Erzählung)*
straight direkt, gerade
strange fremd
strap binden
street Straße
strong hart, stark
stubbie kleine Bierflasche
stuck* klebte, geklebt *(stick)*

student Schüler, Student
study lernen, studieren
stuff Sache
stung* gestochen *(sting)*
success Erfolg
sudden(ly) plötzlich
sugar Zucker
suitcase Koffer
sung* gesungen *(sing)*
sunny sonnig
sunscreen Sonnenmilch
sure(ly) sicher
surgeon Chirurg
surgery Operation
swag Schlafsack
swallow schlucken
swam* schwamm, geschwommen *(swim)*
swamp Sumpf
sweat* schwitzen, schwitzte, geschwitzt
sweet niedlich, süß
swim* schwimmen
swipe mit Karte zahlen
system System

T

table Tisch
tad: a t. ein bisschen
tailor Schneider
take* nehmen, dauern
takeaway Essen zum Mitnehmen
taken* genommen, gedauert *(take)*
take-off Abflug
talk reden
tall groß, hoch
tampon Tampon
tanned braun gebrannt
tap Wasserhahn
tape Kassette, Klebeband
taste Geschmack, kosten
tasty schmackhaft
taught* unterrichtet(e) *(teach)*
tea Tee; Abendessen
teach* unterrichten
teacher Lehrer(in)
technical technisch
teenager Jugendlicher
tell* erzählen
tender zart
tent Zelt
tentacle Tentakel
terrible fürchterlich
than als
thanks danke
that dass
theft Diebstahl
then also, dann
there da, dort
therefore daher, deshalb
thick dick
thigh Oberschenkel
thin dünn
thing, thingie Ding, Sache
think* denken
thirsty durstig
thorn Dorn
thought* dachte, gedacht *(think)*
thread Faden
throat Kehle
through, thru durch
thumb Daumen
tight eng
till bis
time Mal, Zeit
timetable Fahrplan
tin, tinnie Dose
tiny winzig
tip Trinkgeld
tissue Taschentuch
to ach (örtl.), bis; um zu
today heute
toe Zeh
together zusammen
toilet paper Toilettenpapier
told* erzählte *(tell)*
toll Maut
tomorrow morgen
tonight heute Abend
too auch, zu (sehr)
took* nahm, dauerte *(take)*
toothpaste Zahnpasta
top oberer Teil, Oberteil
topless oben ohne
total gesamt
touch berühren, Berührung
towel Handtuch
tower Turm
town Stadt
trace Spur
trade Handel, Handwerk
tradition Tradition
traffic Verkehr
trail Pfad, Weg
trailer Anhänger
train Zug, Straßenbahn; trainieren
transfer Überweisung
translate übersetzen
translator Übersetzer
travel reisen
travel agent Reisebüro
traveller Reisende(r)
treat behandeln
tree Baum
true wahr
trust vertrauen, Vertrauen
try versuchen
tucker Essen
tuition Schulgeld

turn drehen, abbiegen

ugly hässlich
umpire Schiedsrichter
unconscious bewusstlos
under unter
unfamiliar unbekannt
union Gewerkschaft
unit Wohnung
unknown fremd, unbekannt
unleaded unverbleit
unless außer, es sei denn
unlimited ungegrenzt
unsealed ungeteert
until bis
up oben, hinauf
upstairs oben
urgent dringend
us uns
use gebrauchen, nutzen
useful nützlich
usually normalerweise
ute, utility van Lieferwagen

valid gültig
valley Tal
valuable wertvoll
van Lieferwagen
vast ausgedehnt
vegetable, vege, vegie Gemüse
vego vegetarisch
vein Vene
very sehr
victim Opfer
view Aussicht
village Dorf
visit Besuch, besuchen
vomit sich übergeben
voucher Gutschein

wage Lohn
waist Taille
wait warten
wake up* aufwachen, wecken
waken up* aufgewacht, geweckt
walk gehen (zu Fuß), Spaziergang
wallet Brieftasche
want wollen
war Krieg
warm warm
warning Warnung
was war *(be)*
wash waschen
washing Wäsche
watch beobachten; Uhr
water Wasser
wave Welle
way Weg
weak schwach
wear* tragen
weather Wetter
wedding Hochzeit
weekend Wochenende
weight Gewicht
well gut
welldone durchgebraten
were warst, wart *(be)*
wet feucht, nass
wetland Feuchtgebiet
wharf Hafen
while während
whisper flüstern
whistle pfeifen
window Fenster
winery Weingut
wing Flügel
wish Wunsch, wünschen
withdraw zurückziehen, abheben *(Geld)*
within innerhalb
without ohne
woke up* wachte auf *(wake up)*
wood Holz
wore* trug *(wear)*
work Arbeit, arbeiten
worn* getragen *(wear)*
worries Sorge
worse schlechter
worst schlechtester
worth wert
would* würde *(will)*
write* schreiben
written* geschrieben *(write)*
wrong falsch
wrote* schrieb *(write)*

yet noch, schon
young jung
yummy schmackhaft

Die Autorin

Elfi H. M. Gilissen (geb. 1969) ist studierte Diplom-Übersetzerin für Chinesisch und Indonesisch, befasst sich aber als freiberufliche Autorin und Lektorin mit vielen Sprachen und somit Ländern der Welt. Die Liebe zu Sprachen wurde ihr schon vom niederländischen Vater und der flämischen Mutter in die Wiege gelegt.

Eigentlich auf Südwestchina und vor allem Tibet eingeschworen, wurde durch die zufällige Begegnung mit einem Australier ihr Interesse am fünften Kontinent geweckt. Seit der ersten gemeinsamen Reise nach Australien im Jahr 2000 fuhr sie auch ohne ihren australischen Lebensgefährten regelmäßig ein- bis zweimal jährlich für längere Zeit durch den Kontinent. Am Niederrhein aufgewachsen, lebte Elfi Gilissen zwischenzeitlich in Australien und wohnt heute in den Niederlanden.

Weitere bei Reise Know-How erschienene Titel der Autorin sind „Kulturschock Australien“, „Australien Auswanderer-Handbuch“, „Australiens Outback und Busch entdecken“, „Sydney und seine Nationalparks“, „Australian Slang – English Down Under“, „Flämisch – Wort für Wort“, „Amerikanisch – Wort für Wort“, „Niederländisch Slang“ und das in Englisch verfasste „German Slang“. Weitere Buchprojekte zum Thema Australien sind schon in Arbeit.

Australian Slang
ISBN: 978-3-8317-6421-1

Amerikanisch
ISBN: 978-3-89416-749-3

Niederländisch Slang
ISBN: 978-3-89416-461-4